世界経済の大潮流

経済学の常識をくつがえす資本主義の大転換

水野和夫

太田出版

世界経済の大潮流

——経済学の常識をくつがえす資本主義の大転換

目次

著者による注は●で示す
編集部による注は★で示す

まえがき

必ず過剰に行き着く「蒐集」

3・11（東日本大震災と東京電力福島第一原発事故）から一年が経過しましたが、水素爆発した原発の安定化や放射能に汚染されたガレキ処理など遅々として進んでいません。この十数年の間、日本のみならず世界中で想定外の事件、事故が相次いで起き、それに当局は有効な手を打てていません。二一世紀が幕を開けて最初の年の二〇〇一年九月一一日に米国同時多発テロが勃発し、次いで二〇〇八年九月一五日のリーマンショック、二〇〇九年末ギリシャ政府による粉飾財政の発覚に端を発する欧州ソブリン問題、そして二〇一一年の

3・11です。これらは、一見すると何の脈絡もなく偶発的でバラバラのように見えますが、実は水面下では一つの概念でつながっているのです。そう理解しないと、今世界で何が起きているかわからないのです。

その概念とは、「蒐集」(コレクション)[●1]です。「蒐集」とは「『蒐める』行為そのものを持続化させる営み」(松宮秀治『ミュージアムの思想』)ですから、静態的なものではなく、あくまで動態的プロセスなのです。だから、「蒐集」には終わりがなく、必ず「過剰」に行き着くのです。スーザン・ソンタグ[★1]が『火山に恋して』で鋭く見抜いているように、「蒐集家が必要とするのはまさしく過剰、飽満、過多なのだ」。だから、彼女いわく「完成したコレクションとは死んだコレクション」ということになります。

9・11、9・15、欧州ソブリン問題、3・11は、あるモノを過剰に「蒐集」した結果なのです。9・11はウォール街による富の過剰な「蒐集」に対する第三世界からの抗議であり、9・15は「過剰」に利潤(マネー)を蒐集するために金融工学を駆使してレバレッジ[★2]を高

●1…ジョン・エルスナー『蒐集』によれば、「社会秩序それ自体が本質的に蒐集的」で、「帝国とは諸国、諸民族を集めた一コレクションなのであり、(中略)一国とは諸地方、諸部族のコレクションである」。彼によれば、「蒐集」の第一号はノアの方舟であり、キリスト教誕生以来ヨーロッパ精神の根幹をなす。魂を蒐集するのがキリスト教であり、モノを蒐集するのが一七世紀以降は資本主義であって、「蒐集」とはヨーロッパ人が寄って立つアイデンティティなのである。

★1…スーザン・ソンタグ(1933-2004)はアメリカの批評家、小説家。ヴェトナム反戦やイラク反戦など、社会問題、国際問題などへの積極的な発言でも知られ

めた結果、自壊したのです。ユーロソブリン問題は「陸の国」ドイツ「第四帝国」がユーロ参加基準を緩めてまでもギリシャを加盟させて無理矢理（「過剰」に）土地を「蒐集」した結果なのです。3・11は資源小国・日本が高騰する原油価格に対して、安価で安全であると信じて原子力エネルギーを過剰に「蒐集」した結果です。

しかも、二一世紀初頭の十数年に起きたこれらの未曾有の出来事は当該国にとって得意分野で起きたということが重要な意味を持っているのです。金融と軍事力で圧倒的なパワーを有する米国が、9・11と9・15で躓き、高い省エネ技術を持つ日本が3・11の巨大地震で生じた原発事故を「想定外」だったといい、コントロールできないでいます。何にもまして領土の拡大を重要視する陸の国・ドイツが領土の蒐集で躓きました。一六〜一七世紀の「陸と海のたたかい」●2において陸の帝国・スペインの陸軍の支配下にある無敵艦隊が一五八八年にアルマダの海戦でイギリス海軍に敗北しました。スペインが得意とする分野で躓いたのは、すでに時代の歯車が逆方向に回っていたからです。同じことが二一世紀に入って起きているの

る。著者に『隠喩としての病』『反解釈』など。

★2…レバレッジとは経済活動において他人資本を使うことで自己資本に対する利益率を高めること。「てこ lever」を使用するということから名付けられた。

●2…カール・シュミットは『陸と海と　世界史的一考察』で「世界史は陸の国に対する海の国のたたかい、海の国に対する陸の国のたたかいの歴史である」と述べている。

です。

グローバリゼーションと二一世紀の「利子率革命」

行き過ぎた「蒐集」は経済的な観点から見ると、利潤率（利子率）の著しい低下としてあらわれます。一六～一七世紀のスペイン世界帝国とその同盟国イタリアも過剰なまでに「金・銀」を蒐集しました。その結果、一六～一七世紀の「利子率革命[●3]」が生じました。一六～一七世紀、南米のポトシ銀山[★3]が発見され、大量の金・銀がヨーロッパに持ち込まれました。「この時代には、銀と金は投資の手段を見出すのが困難」（フェルナン・ブローデル[★4]『地中海III』）なほどに資本があり余っていたのでした。

同じように、二〇世紀末から二一世紀の現在にかけて、金融の自由化や国債の大量発行で世界のマネーはあふれています。二〇一一年八月までは日本の一〇年国債利回りだけが二％割れだったのですが、二〇一一年七～八月にかけて起きた第二次ギリシャ危機のあ

●3…フェルナン・ブローデル『地中海――III集団の運命と全体の動き2』（浜名優美訳、藤原書店、二〇〇四年）で次のように述べている。「資本がこれほど安く提供されたのは、ローマ帝国の衰退以来ヨーロッパの歴史において初めてであるが、これは実は並み並みならぬ革命である」。実際に、一六一一年から一六二一年の一一年間にわたってイタリア・ジェノバの金利は史上はじめて二％を下回った。

★3…ポトシはボリビアの南部にある都市で、一五四五年にスペイン人によってこの場所に銀山が発見され、鉱山開発が進んだことによって鉱山町として作られた。この銀山はセロ・リコ銀山とも呼ばれる。セロ・リコとはスペイン

と、ドイツ、米国、英国の一〇年国債利回りが一斉に二%を切ったのです。9・11からはじまって欧州ソブリン問題が深刻だと認識された時点で、「失われた二〇年」が日本の特殊性に起因するものではなく、先進国共通の問題だったということが明らかになりました。

「蒐集」したものを展示するのがミュージアムです。西欧のミュージアムの「概念は今なおその概念を拡大させていこうとする潜勢力を秘めた動学的なものである。（中略）それは全世界を西欧の『世界システム』に組み込んでしまおうとする西欧イデオロギーである」（松宮秀治、前掲書）。こう理解することで、「蒐集」とグローバリゼーションの関係が明らかとなります。グローバリゼーションとは、市場の自由化を極限まで押し進めようとする新自由主義を前面に押し出してマネーを過剰に「蒐集」するための最適な手段だったのです。過剰な「蒐集」がたどり着いた先が二一世紀初頭の未曾有の出来事でした。歴史を西欧史、近代史と捉えれば、今まさに、「歴史における危機[4]」の真っ只中にいるのです。

一九七〇年代半ばから過剰な段階に達した「蒐集」はいままでに

語で「豊かな丘」の意味。

★4…フェルナン・ブローデル（1902-1985）はフランスの歴史学者。地理的条件と経済的条件が世界史におよぼす役割に注目し、後の歴史学・経済学に大きな影響を与えた。リュシアン・フェーヴルとマルク・ブロックらにより創設されたアナール学派と呼ばれる歴史学の潮流の中で、数々の論文を発表した。著書に『地中海』など。

●4…『世界史的考察』（ちくま学芸文庫、二〇〇九年）の第四章「歴史における危機」で著者ヤーコプ・ブルクハルトは詳しく述べている。

は見られない三つの現象を招来させたのです。一つは、金融経済の実体経済に対する圧倒的な優位です。いわば、「犬の尻尾（金融経済）が頭（雇用などの実体経済）を振り回す」ようになりました。第二は、新興国の先進国に対する優位です。いわば、「陸と海のたたかい」がはじまったことで資源価格の高騰時代を迎えたことになり、先進国にとっては交易条件[●5]の悪化で生産（実質GDP）ほどに所得（実質GDI）が伸びなくなりました。[●6]最後に、資本の労働に対する優位です。労働分配率[★5]の極端な低下にそれがあらわれています。

第一の現象によって金融危機が不況を深刻化させるため大リストラが断行され、正規社員を非正規化させ、若年層の失業率を高めました。そして、第二の現象では景気回復期に資源価格の高騰で中間投入額（変動費）が膨れ上がり、売上高から変動費を控除した限界利益がわずかしか増加しなくなりました。第三の現象では資本に対して労働の力が弱いので、景気回復下で増加した限界利益はそのほとんどが企業利潤の増加となります。結局、賃金は不況下ではもちろんのこと景気回復下でも減少するのです。「歴史における危機」に

●5…交易条件は輸出物価デフレーターを輸入物価デフレーターで割った比率であらわす。輸入物価デフレーターが原油高で上昇すると、交易条件は悪化する。

●6…原油価格が高騰に転じた〇四年以降二〇一一年まで、実質GDPは年〇・六％増だったが、実質GDIは年〇・一％減だった。

★5…労働分配率とは企業の付加価値に対してどれだけ人件費がかかったかを表す指標のことで、「労働分配率＝人件費／付加価値×100」の定式であらわされる。

あっていま喫緊にすべきことは、中間層の再建なのです。健全な中間層がいなければ、「歴史における危機」を乗り超えられないのが歴史の教訓なのです。

本書はリーマンショック後、二〇〇八年～二〇一二年にかけて『ａｔプラス』（太田出版）のインタビューおよび学会誌に発表した論文に最近の情勢を加味し、まとめたものです。証券会社のエコノミストとしてスタートしてこの三十数年、市場との格闘を通じて強く感じたことは、「歴史は、現在と過去の対話である。（中略）過去を見る眼が新しくならない限り、現代の新しさは本当に摑めない」[7]であろうということです。そうした考えのもとで本書は、過去から現在に至るまで無言で何も語らない市場が必死で伝えようとしていることは何だろうかということを常に念頭に置くことによって、「私たちを遠い過去へ連れ戻すのではなく、過去を語りながら、現在が未来へ食い込んで行く、その尖端に私たちを立たせる」[8]ことになります。こうした観点に立って本書は、経済学・経済史の捉え方の大枠を示したリーダブルなものに出来上がったと思っています。

●7…これは、清水幾太郎が自らの訳書である『歴史とは何か』（Ｅ・Ｈ・カー）のはしがきで述べた言葉である。

●8…これも注7と同じ。

第Ⅰ章　資本主義の大転換

ケインズの予言と利子率革命
——なぜ、利子生活者は安楽死しなかったのか？

二一世紀の「利子率革命」

二〇〇八年九月一五日のリーマンショックによって引き起こされた金融危機はまさに「犬の尻尾が頭を振り回し」た象徴的事例でした。尻尾とは金融経済で、頭は雇用や設備から生み出される生産活動を指すのですが、リーマンショックは「二〇世紀は米国の時代で、かつモータリゼーションの時代」を終わらせたのです。二〇〇九年六月にゼネラルモーターズ（GM）が破産申請をして、実質的な「国有化」のもとに再建されました（二〇一〇年一一月にニューヨーク証券取引所に再上場）。この直接的な原因はサブプライムショック、そしてリーマンショックと続いた国際金融恐慌によって銀行間市場が凍りつき、銀行の資金の貸し渋りや回収が起きたことです。かつての産業資本主義の覇者であったGMの破綻は、それとともにGMが象徴してきた近代資本主義のモデルがひとつの歴史的役割を終えたことを示唆しているように思われます。

この金融危機で世界の金融資産は二〇兆ドルを損失しましたが、二〇〇八年の一二月段階で、まだ一六七兆ドルの金融資産★1がありました。内訳は株式が三三兆ドル、債券発行残高は時価評価ではなく簿価評価★2ですが、八三兆ドルです。そのうち国債が約三〇兆ドルですから、民間債★3は約五〇兆ドルになります。この民間債に証券化商品★4がどれくらいあるかは不明ですが、それを時価会計するとおそらく二〇～三〇兆ドルくらいは減ることになります。それを一六七兆ドルから差し引いたとしても、いまだに世界の金融資産は一四〇兆ドルあります。これに対して実体経済が六〇兆ドルなので、まだ金融資産は実体経済の二倍以上あるわけです。これは絶対的な金余り状況★5だと判断されますので、実体経済が金融経済に振り回されるこ

★1…時価評価はものの価値を決める際に、それが現在時点で持っている価値で評価すること。

★2…簿価評価はものの価値を決める際に、そのものを購入した時点での価値で評価すること。

★3…民間債とは民間企業が債券市場で発行する債券のことで、債券発行銀行（特定金融機関）が発行する「金融債」と事業会社が発行する「事業債」に区分される。

★4…証券化商品とは、ローンやリース、不動産などの将来一定の収益が見込める資産を裏付けとして発行される有価証券のことをいう。

★5…金余り状況とは通貨の

とになります。そして、この世界的な金余り状態の背後には、二一世紀の「利子率革命」――資本利潤率の趨勢《すうせい》的な低下――があります。

　ここでいう「利子率革命」とは、具体的には二％以下の超低金利が長期間続く状況を意味します。それは、一〇年以上にわたって超低金利が続くと既存の経済・社会システムが維持できないという点で、まさに「革命」的な出来事なのです。実際、日本の一〇年国債利回りは、一九九七年九月に二％を下回って以降、現在に至るまでその水準が続き、すでに（二〇一二年時点で）一六年目に突入しています。これは、超低金利の最長記録だったイタリア・ジェノヴァの一一年（一六一一～二一年）をも上回って、二〇世紀末からわれわれは前人未到の超低金利時代の真っ只中にいるのです。

　人類史上の金利の推移を見てみると、一六世紀の初めにイタリア・ジェノヴァの金利が、当時としては世界最低水準だった古代ローマ帝国のアウグストゥス[★6]帝政時代の四％と並ぶまで低くなりました。シドニー・ホーマーとリチャード・シラの『金利の歴史』[★7]によ

量が正常な経済活動に必要な適性基準を大きく上回った過度の金融緩和状態（過剰流動性）のことを指す。

★6…インペラートル・カエサル・ディーウィー・フィーリウス・アウグストゥス（在位BC27–AD14）。古代ローマ帝国の初代皇帝。

★7…シドニー・ホーマーとリチャード・シラ『金利の歴史（A History of Interest Rates）』（一九六三年）は、古代メソポタミア以来の人類史における金利の推移を、可能なかぎりの資料を集めて記述した画期的な研究書。

★8…シュメール王国はメソポタミア（現在のイラク、クウェート）の南部にあった最古の都市文明。メソポタミア

れば、紀元前三〇〇〇年のシュメール王国[★8]の時代から金利があることになっていますが、人類の歴史の中でこれほどまでの超低金利になったのは、（アウグストゥス帝政時代の）古代ローマ帝国と一六世紀初頭のイタリア、そして九七年以降の日本しか事例がありません。この意味で、現在起きている二一世紀の利子率革命は、人類の歴史上三度しか起こらなかった大きな歴史の断絶であるのです【次頁図1】。

一六世紀に起きたイタリア・ジェノヴァの利子率革命は、「長い一六世紀（一四五〇〜一六五〇年）」を通じて中世荘園制[★9]・封建制社会から近代資本主義・主権国家へとシステムを一変させました。「長い一六世紀」とは歴史学者のフェルナン・ブローデルとその弟子であったウォーラーステイン[★10]が用いた概念で、一五世紀後半から一七世紀半ばまでを「一六世紀」とみなして、この時期の海洋貿易を通じて近代資本主義が誕生したと考えるものです。この「長い一六世紀」に誕生した資本主義の勃興のプロセスは、中世のローマ法王を頂点とする「帝国」システム解体と近代の「国民国家」創設のプロセスでもありました。飽和状態に達していた中世社会を打ち破る新た

文明の最初期のものとされ、チグリス川とユーフラテス川の間に栄えた。

★9…荘園とは公的支配を受けない一定規模以上の私的所有・経営地のこと。ヨーロッパ中世の荘園制では荘園領主が、自ら保有する直営地の収入や農奴からの貢納（労役・生産物）によって法的・経済的な権力を握っていた。

★10…イマニュエル・ウォーラーステイン（1930−）はアメリカの社会学者。マルクスの史的唯物論や従属理論を批判的に継承し、それにブローデルの歴史学を接合することによって「世界システム論」と呼ばれる理論的地平を切り開いた。著者に『近代世界システム』『史的システムとしての資本主義』など。

図 1　経済大国の金利

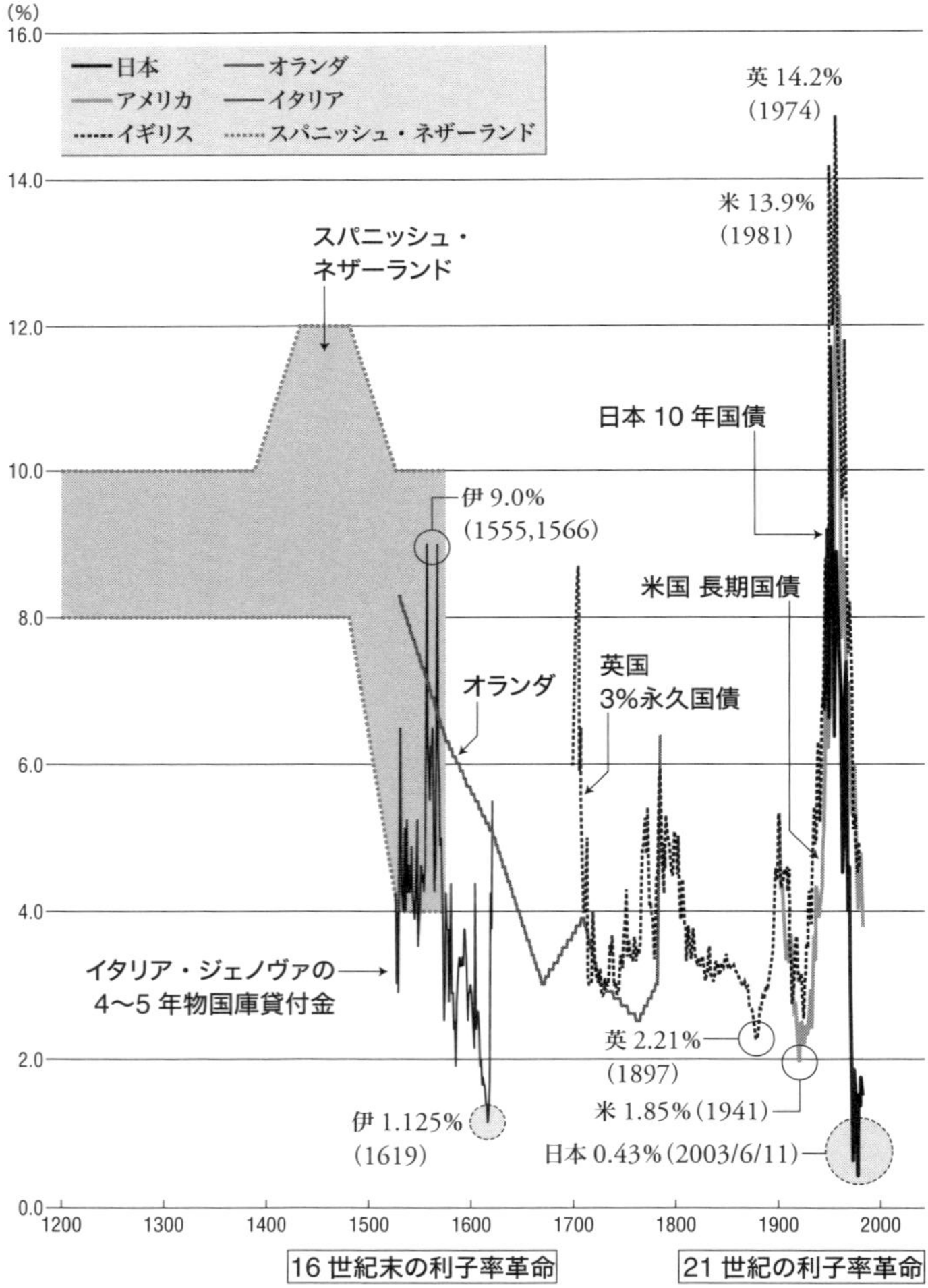

出所：SIDNEY HOMER "A History of Interest Rates"、日銀「経済統計月報」

なシステムとして、近代資本主義・主権国家はあらわれたのです。

それからおよそ四世紀たった一九九七年に、金利は有史以来の最低記録を更新し、歴史上三度目となる利子率革命を引き起こしています。これは一七世紀以来、国家と資本を結びつけてきた資本主義の危機のあらわれです。日本が先陣を切り先進国に広がっている現在の利子率革命は、一七世紀初頭の利子率革命がもたらした資本、国家、国民の三者の利害の一致を前提とした資本主義に地殻変動が起きていることを物語っています。

利子率革命と資本家の終わり

それでは、利子率革命のもとでは具体的にどのようなことが生じるのでしょうか。それは投資家が満足するようなリターンを得られる投資機会がもはや存在しなくなるということです。利子率革命の利子率とは、いわゆる実物投資のリターンをあらわしています。資本家は企業に投資するか、国債を購入するか選択します。リスクを避ける投資家は企業の発行する社債利回りと国債利回りの間で裁定しますので、国債利回りと社債利回りはおおむね等しくなります。リスク選好度の高い投資家は株式に投資（株主資本利益率）★11しますが、企業の利潤率は株主資本利益率と社債利回りの加重平均値と等しくなります。企業の利潤率は事業利益（経常利益＋支払利息）を総資本（負債＋株主資本）で割った比率です。企業のバランスシート上、普通は社債などの負債の比率が高いので、企業利潤率は国債利回りに一定の信用コスト（倒産リスク）を加えたものと等しくなります。つまり、利子率が二％以下になるということは、資本投下して工場やオフィスビルをつくったりして得られるリターンが年率換算で二％以下になるということです。現在（二〇一二年）の日本の一〇年国債利回りは〇・九六％（年平均）ですから、一〇年間の投資期間において、ずっと〇・九六％のリターンしか得られない。そこに貸倒損失が年間で一～二％発生すれば（通常の景気循環で生ずる確率）、一〇年間で、たいてい三年は不況期ですから、この間のリターンはマイナスになる可能性が高いのです。一〇年リスクをとって実物投資をしてもリタ

★11…株主資本利益率（ROE）とは return on equity の略で、自己資本利益率とも呼ばれる。株主の持ち分に対して、企業がどれだけのリターンを生み出しているのかを示す指標。「ROE＝当期純利益／自己資本×100」の定式であらわされる。

ーンが一％以下ということでは、資本家失格です。また、利潤率が著しく低い状態が長期化することは、企業が経済活動をしていくための必要最低限の資本蓄積[★12]もできないということになります。

しかし、いいかえれば、それは投資機会が消滅するところまで投資が行き渡ったということでもあります。一七世紀の利子率革命下のイタリアでは、一六世紀の半ばから利子率がどんどん下落して、一六一九年には、一・一二五％まで下がりました。当時はワイン畑が投資の最先端産業でしたが、これはワイン畑に投資しても、もはや一％しかリターンが得られないことを意味します。ブローデルは『地中海I――環境の役割』の中で、グイッチャルディーニ[★13]の『イタリア史』を引いて、「一六世紀のイタリアは自国の山の山頂まで耕作されている」と書いています[★14]。山のてっぺんまでワイン畑になるほど投資が行き渡り、投資する土地がなくなってしまったのです。

このことはいまの日本の状況にも当てはまります。たとえば、日本の実物資産[★15]は、政府資産を除いた民間資本ストック（インフレ調整後の二〇〇〇年基準価格であらわした実物資産）だけで、二〇〇八年末時点

★12…資本蓄積は近代経済学においては「資本形成」のことを指し、マルクス経済学においては資本の再生産のために剰余価値の一部が再び資本に充当されることを指す。資本形成は社会全体としての投資のことで、工場、機械、建物などの固定資本と原料や在庫などを含めた実物資本の合計が増えたときに「資本形成があった」という。

★13…フランチェスコ・グイッチャルディーニ（1483–1540）はルネサンス時代のイタリア、フィレンツェ共和国の歴史家・政治家。マキャヴェッリとも親交が厚く、『イタリア史』『フィレンツェ史』などの著作を発表。近代歴史学の父とも呼ばれる。

★14…『地中海I――環境の

で一二〇九兆円あります。二〇〇八年の日本のGDPが五四四兆円ですから、これはGDPの二・二倍にも達する額です。つまり、いまの日本は五四四兆円経済で一二〇〇兆円もの店舗・建物・工場などを持っていることになるのです。先進国の実物資産のGDP比は、日本に次いで高いドイツでも一・八倍で、アメリカ、イギリスにいたっては、一・一倍、一・四倍ぐらいしかありません。資本ストック（K）を実質GDP（Y）で割った比率は資本係数[★16]（V）といいます（「V=K／Y」）。資本係数の高い国ほど、長期金利（企業の利潤率）は低くなります。世界で資本係数が一番高い国が日本で、二番目がドイツです。世界で一番長期金利の低い国が日本で次いでドイツです。こういう関係が成り立つのは、資本係数の逆数（＝「実質GDP／資本ストック」）は企業利潤率の概念とおおむね同じだからです。

　事実上世界一の水準にまで実物資産を積み上げることができたのは、日本が戦前・戦後一貫して高い貯蓄率を維持していたからです。実物投資をしていたときには、貯蓄＝投資になりますから（工場などを造るための設備投資は、だいたい実質GDPの一五％程度を占めますが、

役割』（浜名優美訳、藤原書店、二〇〇四年）には次のようにある。「一六世紀、いやすでに一五世紀全体が、新たな土地を求めているのだ。（中略）イタリアは自国において、洪水で浸水した平野から山の頂上に至るまで、当時の技術によって手に入れることのできる空間すべてを征服することに専念したからではないか。『イタリアは自国の山の山頂まで耕作されている』とグイッチャルディーニは『イタリア史』の冒頭で得意そうに書いたことがある」（一〇二頁）。

★15…実物資産とは、土地・建物・機械・原材料・製品などの形で保有する資産のことを指す。これに対して現金・預金・有価証券・貸出金などを金融資産という。

その設備投資のお金は、グローバル化し海外金融投資が盛んになる以前には、国内の貯蓄と等しくなります）、一〇〇の所得があればそこから五は節約して貯蓄する。その五が投資に回り、工場などの資本ストックになります。日本の家計貯蓄率は、一九七〇〜八五年にかけて平均で一八・七％でした。一〇〇の所得のうち八〇しか消費しなくて、二〇も貯蓄できる国だったのです。そういう状況では、どんどん工場などの実物資産が蓄積されていきます。すると財・サービスの供給量が増えて、国内だけでは需要が足りなくなり、最後は輸出を拡大させていくことになります。それが大幅な貿易収支の黒字になり、一九八〇年代後半には貿易摩擦の原因にもなりましたが、そうして対外純資産[★17]が二五一兆円（二〇一〇年末のデータによる）となって、世界一を誇っています。

しかし、ＧＤＰの二・二倍もの実物資産が積み上がるというのは、日本全土のあらゆるところに投資が行われたことになりますから、あと一単位投資するときの利回りは当然低くなる。高速道路は民間資産ではありませんが、分かりやすい例です。日本の高速道路

★16…資本係数とは資本ストックと生産・所得の比率のこと。「資本係数（v）＝資本ストック（K）／生産・所得（Y）」の定式であらわされる。一単位の生産ないし所得を生み出すのにどれだけの資本ストックが必要とされるかを指す係数。

★17…対外純資産とは海外に保有する債券（対外資産）から海外に対する債務（対外負債）を差し引いたもの。

は二〇〇二年には総延長が七〇〇〇キロを超え、二〇〇七年にはほぼ九〇〇〇キロにまで達しています。二〇〇六年には日本は道路密度（一平方キロあたりの道路延長）が三・一六キロで、ベルギー（四・九九キロ）やオランダ（三・七二キロ）の域に近づいていますから（ちなみにドイツで一・八五キロ、イギリスで一・六二キロ）、道路は日本全国をほとんど網羅していて、あとは効率の悪いところしか残っていないことになります。つまり限界効用[★18]がゼロに近づいてきたのです。同じことが民間の実物投資において生じたわけです。すると、投資機会が消滅して資本の行き先がなくなり、金余り現象が起きることになります。

　これが、現在の金余り現象の背後に利子率革命があるといったことの意味です。そして、このことは同時に、利潤極大化を行動原理とする資本主義にとって最大の危機が到来したということでもあります。アダム・スミスは、生産増大のプロセスは社会が必要とする資本のすべてを築き上げたときに停止すると予測していました。[★19]その意味では、一九九七年から利子率革命に見舞われた日本は、世界

★18…消費者がある財を消費することによって得る満足の程度を効用という。限界効用とは、財を一単位追加して消費することによって得られる効用の増加分のこと。

★19…ロバート・ハイルブローナーは『未来へのビジョン』（宮川公男訳、東洋経済新報社、一九九六年）のなかで「アダム・スミスは、彼の目の下で形を整えつつあった資本主義の拡張的性質と、その破壊的影響をも明らかに理解していた。（中略）彼は、国家の富が際限なく増大しうると考えていたわけではない。反対に、その増大は国家がひとたびその使用する『富の全必要量』を取得すれば止るであろう。そしてその後は、長い上昇は長い下降に向きを変えるであろうというのであ

に先駆けて社会が必要とする資本を築き上げ、近代資本主義が目指した地点に到達したといえるでしょう。

一九九二年にフランシス・フクヤマ[20]が『歴史の終わり』を書きます。フランシス・フクヤマを見習ってというわけではありませんが、本来、日本は一九九七年に誇りを持って「資本家の終わり」を宣言すればよかったのだと思います。なぜならば「資本家の終わり」というのは、みんなが豊かになれるぐらいに資本の希少性がなくなるということなのですから。資本が不足しているときは、資本を持っている人が有利です。だから利子率が高く、資本を持っている人は、高い利息を得るわけです。ところが、金利が低いということは、資本家の価値がないということを意味します。ケインズは『雇用、利子および貨幣の一般理論』の終わりのほうで、「資本主義は将来、資本の蓄積によって利子生活者が安楽死し、それが経済全体を望ましい方向に導く社会改革になる」ということを書いています。[21]これは先ほどのアダム・スミスの予測と同じです。利子生活者が安楽死する、それが一九九七年の日本に本来訪れるはずの状況だる」（六九頁）と述べている。

★20…フランシス・フクヤマ（1952–）はアメリカの政治学者。冷戦終結に際して『歴史の終わり』を出版し、民主主義・資本主義が勝利を収めることで社会制度の発展が完成して、人類の進歩の歴史が終わると述べたことで物議を招いた。

★21…ケインズは『雇用、利子および貨幣の一般理論』（間宮陽介訳、岩波文庫、二〇〇八年）のなかで「資本需要に確たる限界があるのは確かだと思われる。（中略）いまや、この事態から帰結するのは金利生活者の安楽死、それゆえ、資本の希少価値を搾り取るために累積された資本家の抑圧的権力の安楽死である。今日、利子は正真正銘のったと思います。

近代の「大きな物語」から新自由主義の「バブルの物語」へ

しかし、実際には利子生活者の安楽死は起こりませんでした。実物経済に投資先を失った資本は、キャピタル・ゲイン[★22]を求めて金融資本に向かい、「電子・金融空間」（第Ⅰ章2節で説明）が実体経済を振り回すほどに膨れ上がりました。成熟化した先進国では、金余りが資産と資産の交換の回転率を上げることを可能にし、そのことによって資本利潤率の極大化を図ったのです。その帰結が一九八〇年代の日本で起こった資産バブル、そしてリーマンショックを起こすことになるアメリカの金融バブルです。

この「実物投資から金融投機によるキャピタル・ゲインへ」という「バブルの物語」を正当化するイデオロギーとして、新自由主義は最適でした。今日買った株式や債券、証券化商品を、値段が上がったから明日売るという投機的行為が正当化されるためには、「市

犠牲に報いる報酬ではない。この点は土地の地代の場合と同様である。資本の所有者は、土地の所有者が土地の希少性ゆえに地代を獲得することができるのと全く同様に、資本が希少だから利子を得ることができるのである。だが土地の希少性には本来的な理由がある（土地は再生産不可能）かもしれないが、資本の希少性にはもともとそうした理由は存在しない。（中略）だから私は、資本主義の金利生活者的側面はその仕事を終えたら消え去る運命にある、資本主義の過渡期的段階だと見ている」（下巻、一八二〜一八四頁）と述べている。

★22…キャピタル・ゲインとは債券や株式、土地などの価格変動により生じる利益のことで、株価が値上がりした際

場がつけた値段は常に正しい」という前提が必要になります。政府よりも市場のほうが正しい資源配分ができる、だから政府の介入を極力小さくし、市場に任せたほうがいいというのが新自由主義です。しかし現実には、恒常的な金余り経済下にあっては、資産価格は実勢以上に高騰しやすいのです。

ハイエク[★23]やフリードマン[★24]らの新自由主義のイデオロギーが世界的に脚光をあびたのは一九七〇年代の半ばでした[★25]。その背景には、一九七三年のオイルショック以降、石油価格の上昇とともに物価が上がりはじめることで購買力が低下し、景気に対してブレーキがかかるという、インフレと不況が同時進行する、いわゆるスタグフレーションに陥ったことがあります。不況だから政府は財政支出を増やして景気を刺激したいのですが、そうするとインフレに拍車をかけて長期金利の上昇を招いてしまう。財政支出による景気対策という、ケインズ主義にもとづく「大きな政府」を続けていくのは無理だという事態が生じていました。

このスタグフレーションのうち、インフレはマネタリズム[★26]により

に売却したり、空売りした株が値下がりしたときに買い戻したりして得る利益も指す。証券の配当や利息などはインカム・ゲインと呼ばれてこれとは区別される。

★23…フリードリッヒ・アウグスト・フォン・ハイエク（1899-1992）は、オーストリア生まれの経済学者。新自由主義の代表的な経済学者の一人。一九四四年に発表した『隷属への道』で、社会主義とファシズムを社会を中央集権的に統制するという点で同根のものとして批判し、経済の自由放任の重要さを指摘して脚光を浴びる。著書に『市場・知識・自由』など。

★24…ミルトン・フリードマン（1912-2006）は、

克服に成功しました。しかし、実物投資によって資本利潤率を引き上げることはできませんでした。その代わりに新自由主義が用いたのが金融投機によるキャピタル・ゲインの獲得だったのです。

実は、新自由主義が台頭してきた一九七〇年代の半ばは、「近代資本主義の終わりのはじまり」でした。先進国の長期金利がピークを迎えたのは一九七四年で、日本では一〇年国債利回りが一一・七%、イギリスの長期国債も一四・二%、アメリカではピークは一九八一年にずれ込みますが、一三・九%をつけます【二〇頁図1】。長期金利は実物投資に対する利潤率の代理変数といえますから、この頃、先進国はいずれも最高の利潤率を達成したことになります。いいかえれば、一九七四年をピークに先進国の利潤率は下降局面に入り、以後ずっと下がり続けることになるわけです。その意味で、成長による資本蓄積を至上命題とする近代資本主義の終わりが、この年にはじまったといえます(この事実は、先進国の一人あたり粗鋼生産量も一九七四年をピークとしてなだらかに下降していることからも裏付けることができます。この点についての詳細は第Ⅱ章第1節で説明)。

アメリカの経済学者。ケインズの総需要管理政策を批判してマネタリズムを主唱する。ハイエクと並び新自由主義の経済学者の代表的人物とされる。著書に『資本主義と自由』など。

★25…一九七四年にハイエクが、一九七六年にフリードマンがノーベル経済学賞を受賞し、経済学の正統的な主流の座についた。

★26…マネタリズムとはマクロ経済の変動において貨幣供給量(マネーサプライ)および、貨幣供給を行う中央銀行の役割を重視する経済学の考え方。社会に流通している貨幣の総量とその流通速度が物価の水準を決定するという貨幣数量説にもとづき、インフレーションは社会を流通する現在先進国が直面しているさまざまな問題の原因は、すでに一九七〇年代にはじまっています。事実上、一九七四年が近代のピークだったにもかかわらず、それ以降の三十数年は終わりを迎えつつあった近代という「大きな物語」（J・F・リオタール★27）に結末をつけることから眼を背けて、危機を先送りしてきた期間でした。その先送りのイデオロギーが新自由主義だったのです。

アメリカの錬金術

先ほど、一七世紀初頭のイタリアで起きた一一年間にわたって超低金利が続く利子率革命の話をしました。それに先だって、イタリアの金利は、一五五五年、一五六六年の九％をピークに下がり続けていました【二〇頁図1】。いわば、現代史における一九七〇年代にあたるのがこの頃です。当時も中世社会の終わりのはじまりのような現象が起きています。「太陽の没することなき帝国」と呼ばれたスペインでは、一五六八年からオランダと八〇年間にもおよぶ戦争に

マネーサプライによってコントロールすることができるとした。

★27…ジャン・フランソワ・リオタール（1924－1998）は、フランスの哲学者。急進的なマルクス主義者としてアルジェリアで活動し、フランスへの帰国後の一九六八年にパリ五月革命にも参加した。ポストモダニズムの代表的な論客とされ、「ポストモダンとは大きな物語の終焉である」とした『ポストモダンの条件』がさまざまな議論を呼んだ。

突入します。★28 イタリアより早く金利の下降局面に入っていたスペインは、国内だけでは十分に利潤率が上がらなくなり、肥沃な土地を有するオランダを獲得しにいくわけです。スペインでは、一五八〇年にポルトガルも併合しますが、こうした戦争ができたのは、一五四五年に南米（ボリビア）でポトシ銀山を発見したからです。傭兵への支払いなどの軍資金は、その銀でまかないました。まさに文字通りの錬金術です。近代資本主義のはじまり（中世社会の終わり）に起きたのは、そうした錬金術だったのです。

　現代では、銀山を探さなくても金融工学でお金を作ってしまいます。この現代の錬金術を本格化するのに決定的な役割を果たしたのが、当時のルービン★29財務長官の「強いドルは国益」政策★30です。一九九五年以前までは、たとえば日本の貯蓄率の高さは経済力の強さの証明であり、メリットがあると考えられていました。しかし、一九九五年にアメリカがはじめたのは、貯蓄が国内になくても、他国の貯蓄を集めて使えばいいじゃないかということです。一九九五年は米国の「ドル帝国」化のはじまりの年でした。アメリカは、日本の

★28…一五六八～一六四八年まで続いたネーデルラント諸州とスペインとのたたかい（八十年戦争）のことを指す。その結果、ネーデルラント一七州の北部七州は、一五八一年にスペイン国王フェリペ二世の統治権を否定し、ネーデルラント連邦共和国（のちのオランダ）として独立を宣言。一六四八年のウェストファリア条約により独立が承認された。

★29…ロバート・エドワード・ルービン（1938-）はアメリカの銀行家・財政家。ゴールドマン・サックスの共同会長や国家経済会議委員長などを歴任。クリントン政権の発足と同時に経済政策担当大統領補佐官に任命され、一九九五年に財務長官に就任。貿易政策のグローバル化やア

貯蓄も、ドイツや中国の貯蓄もみんな自分のお金だという認識だったと思います。まさに日本紙幣にアメリカの中央銀行がぺたぺたワシントンの肖像画を貼っていたようなものです。

実際、一九九四年以前にアメリカに入ってくる外国資本と九五年以降のそれとを比較すると三・九倍に膨れ上がりました（一九九五年前後のアメリカのマネーフローについての詳細は第Ⅱ章の第1節で説明）。投資銀行はその三・九倍になった外国からの投資に三〇～四〇倍のレバレッジをかけて運用するわけですから、合計で一〇〇倍以上の金融資本をアメリカは使えるようになります。それほど莫大な資本がアメリカに入ってくれば、株も住宅価格も上がり、バブルが起きるのは当たり前です。そしてこの錬金術で、欧米を中心とした国々の投資家たちはわずか十数年で一〇〇兆ドルもの金融資産を増やしました。

この方法がいかに効率的だったかというと、戦後の日本が増やした方法と比較すれば、一目瞭然です。日本は戦後六〇年かけて、個人金融資産を一五〇〇兆円増やすのがやっとでした。ただし、一五

ジア金融危機対策などで先導的な役割を果たした。一九九九年七月に財務長官を退任した。

★30…一九九五年にクリントン政権の財務長官であったロバート・エドワード・ルービンは、これまでの円高誘導政策を一八〇度反転させて、「強いドルは国益」に適うと説いて、ドル高為替政策を推し進めた。

○○兆円という金額は、所得から消費を差し引いた貯蓄を積み上げた金額としては最高です。現代の錬金術師たちは、金額にしてその六倍、期間は五分の一、つまり三〇倍のスピードで儲けたわけです。日本の場合、実質GDPが増大するプロセスを通じて、その一部を貯蓄したので、労働、すなわち中産階級が主役でした。労働投入量の多寡が、GDPを増やす三つの要素（「労働投入量」「資本投入量」「技術進歩」）のひとつだからです。それに対して、金融資産の売買回転率で資本を増やしていく過程では、もはや労働は主役ではないのです。代わって国家の主役の座に資本がついたのです。

資本家の使用人としての国家

私には、国家が資本家の使用人（召し使い）に成り下がってしまったと思えてなりません。ウォール街の使用人がホワイトハウスです。クリントン政権の後半から財務長官にはウォール街の投資銀行の経営者が就任するようになったのはそのあらわれです。日本も小泉政権あたりから資本家の使用人ではないかと思えてなりません。米国で初の黒人大統領の誕生と日本で初の二大政党による政権交代が起きたのは、そうした動きに対する一般国民のNOという意志表示だといえます。日本のバブルが崩壊したときに、金融機関への公的資金注入などで赤字国債が膨大に積み上がりましたが、これは民間企業に生じた負債を国家が肩代わりしたということを意味しています。それと同様にリーマンショックに端を発する金融危機でも、GMに対する救済措置が起こりました。つまり、金融資産が一四〇兆ドルまで膨らみ、実体経済の二倍以上の規模になると、金融バブルが崩壊すれば、実体経済に大きな打撃を与えるので、国家は巨大金融資本を救済せざるを得ないのです。

そうすると国家は「雇用に響く」という名目で公的資金を使ってこれ以上資本の値段を下げないようにします。あるいは、中央銀行が企業金融に乗り出して、株主に「もうこれ以上損をさせません」といいます。さらにゼロ金利にして預金者から金利を取り上げて、金融不良債権処理に回す。国家はとにかくあの手この手を使って、金融資本を減らさないようにせざるを得ないのです。なぜならば、放っておけば、金融経済だけの価値の縮小で終わらずに、信用倒産などが起きて実物経済を巻き込んでしまうからです。だから、資本は国民を人質にとったようなものなのです。これでは資本家の思うつぼです。

「強いドルは国益だ」とルービンが宣言して錬金術が始まった翌年の一九九六年、グリーンスパンが[★31]「根拠なき熱狂」といったときに歯止めをかけていればバブルは止められたかもしれません。しかし、それから一年もたたない一九九七年にグリーンスパンがIT革命を評して「一〇〇年に一度の技術革新」といった段階で、もう勝負は資本家の勝ちと決まっていました。さらに、二〇〇五年にアメリカの住宅市場についてグリーンスパンが「全国的なバブルは見られないが、地域によってフロス(泡)の兆候はある」と発言したことで、ますます投資家は強気になれたのです。彼らは分かっていたはずです、極限まで突き進もうと。バブルの極限に達したときが、キャピタル・ゲインのピークとなりますので、バブルを中途半端で終

★31…アラン・グリーンスパン(1926–)はアメリカの経済学者。一九八七年から二〇〇六年まで連邦準備制度理事会(FRB、アメリカの中央銀行)の議長を務めた。「金融の神様」と呼ばれて、その手腕によって前例のない五期連続でFRBの議長となったが、サブプライムショックの際に、グリーンスパンの行った金融緩和に一因があるともいわれ、論議の的となった。

わらせることはできないのです。そして、バブルがピークで弾ければその被害が大きくなるから、必ず政府が救済せざるを得ない。だから中途半端にバブルを止めるといけない、そう確信していたと思います。グリーンスパンのいう「バブルは弾けてみてはじめてバブルだったと認識できる」の真意は、バブルは事前に分かるけれども、「バブルかどうかは弾けてみないと分からない」といわないと、利潤の極大化が実現できないというように解釈すべきだと思います。

バブル生成が中途半端に終わると、実体経済への影響も大したことがないので、バブルが弾けたあとに資本の価値が目減りするのを政府に放っておかれてしまいます。そうなると資本家の負けになります。中途半端なバブル崩壊で、もし「投資銀行を救済しなくても影響はないから、潰せばいい」ということになれば、資本家の株や証券化商品の価値はゼロになってしまいます。ですから「バブルは弾けてみないと分からない」といったグリーンスパンは、資本家の使用人そのものです。バブルの発生を察知して、途中で止めれば、それは九合目なのか、三合目なのかは誰も分からず（グリーンスパンも含めて）、機会損失が出てしまいます。だから、バブルが弾けるまでそれを止めることはできない。これでは「私（グリーンスパン）がバブルを極大化して、弾けたら消火器を持って奉仕しますよ」といっているようなものではありませんか。

同じことがドルの暴落にもいえると思います。金融資金のほとんどがドル建てですから、ドルの暴落もさせられません。仮にドルが暴落してしまえば、日本や韓国などの輸出企業を中心に、したがって大企業の倒産が起きて、先に労働者が損失を被ってしまいます。他方、資本家はあり余るほどお金を持っているので、ドルが下がって半分損をしたとしても、半分はユーロとかに移し換えれば、まだ価値を保全できます。金とドルとユーロに三分割してリスク・ヘッジしておけばいいわけです。しかし、労働者は職場を失ったらオール・ナッシングです。その意味では、ドルも金融資本も大きくなること自体が自分を保全するということなのでしょう。

尻尾である金融資本経済が、頭であるはずの実体経済を振り回すようになりましたが、いまや尻尾は国家まで振り回しています。あとは、地球を振り回すつもりでしょうか。アダム・スミスの経済学には、「土地、資本、労働、技術革新で生まれる富を分析していれば、大多数の人が幸せになれる」という暗黙の前提がありました。あるいはケインズの経済学にも「市場メカニズムの不備を政府がコントロールすることで、福祉国家を実現する」という国民のための経済学がありました。しかし、一九七四年以降、先進国で利潤率が下降していくにつれて登場したのが、新自由主義[1]という、資本家のための経済学でした。ごく一部の人が豊かになり、その数十倍の人が貧しくなるという経済学です。

サブプライムショックとリーマンショックで、新自由主義は勝手に転んで、いわば自壊したといえますが、まだ尻尾が頭を振り回すという現象は続いています。現在、ケインズ主義が復活していますが、先ほど述べたように、やむを得ないとはいえ、資本の使用人に甘んじる政策に終始しているように思います。いったい誰のための経済学なのかということを改めて考える時期に来たと思っていいま

●1…歴史における9・11はひとつではない。鹿島徹によれば、9・11は三つあるという。いずれも新自由主義に関係する事件、出来事である。ひとつは一九七三年の9・11であり、チリのアジェンダ政権が軍事クーデターで倒れた事件である。このあと、チリの経済政策は「シカゴ・ボーイズ」によって主導され、「その結果、1970年代末には『チリの奇蹟』といわれる経済成長を遂げる一方、中間層の没落と富裕層・貧困層の両極への分解が生じた」(鹿島徹「探求 9・11以降、考えること」『岩波講座哲学11 歴史/物語の哲学』二〇〇九頁)。あとふたつは米国同時多発テロ(二〇〇一年)と小泉純一郎総理の郵政解散(二〇〇五年)である。

す。

いずれにしても、アダム・スミスやケインズが、いま生き返ったら「自分の理論をこんなふうに悪用して」と怒り狂うのではないでしょうか。

余剰マネー一四〇億ドルの行方

バブル崩壊後も莫大な余剰を持っている金融資本の一部は、今後は環境関連産業に投資されて、新しい市場を作るかもしれません。しかし、結局その多くは小さいバブルを繰り返すほうに流れて、景気循環が激しくなるでしょう。一〇年ぐらいかけてバブルの頂点に行くような、今回のようなアメリカ、ヨーロッパの住宅市場に匹敵するほどの大きな市場は他にないわけですから、景気の拡大局面も短くなるでしょう。小さい市場ではすぐにピークに達してバブルが弾けてしまいますから、消費も増えなくなります。雇用は景気循環に比例しますから、企業の振幅が激しくなれば、安定した雇用がますます難しくなるかもしれません。

これに対して、「実物投資では上がらなくなったリターンを、BRICs★32などの新興国に振り向ければいい」という考え方もありますが、現状でもBRICsなどの新興国にはすでにかなりの金融資本が入っています。現在、そうした国々の経済規模は、GDP総額で二〇兆ドルの規模です。この二〇兆ドルのうち、必要な投資額の割合はどれくらいあるでしょうか。

そもそもGDPの中で国内総固定資本形成★33が占める割合は、これまでの歴史を見ても多くて三割程度です。国内総固定資本形成とは、住宅投資、設備投資、公共投資などの固定資本の追加分と既存の資産価値を維持するための費用（減価償却費）を合わせたものです。この国内総固定資本形成の割合が最大三割というのは、実証されています。日本は一九五六年の『経済白書』で「もはや戦後は終わった」と宣言して近代化を進めていきましたが、その当時のGDPに占める国内総固定資本形成の割合は、一四％でした。それが一九七四年の時点で三三％になりました。これは、いまだにどの先進国に

★32…BRICsとは「煉瓦brick」をもじった言葉で、ブラジル（Brazil）、ロシア（Russia）、インド（India）、中国（China）の頭文字を並べたもの。台頭する新興国を意味している。アメリカの証券会社のゴールドマン・サックスが二〇〇三年に発表した投資家向けのレポートで、初めて使用した造語。

★33…国内総固定資本形成はGDPの重要な項目のひとつで、住宅投資、設備投資、公共投資などの固定資本の追加分を指す投資の一項目。国や自治体、企業や個人などが住宅・設備・公共施設などにどれだけ投資したのかを示す。

も破られていない記録です。それをピークに日本でも国内総固定資本形成の割合は下がっていきます。つまり、この三三%という数字が、経済が成熟化するときのピークの値なのです。例外としては、一九九一年にソ連が崩壊しましたが、その頃のソ連のGDPに占める固定資本の割合は五〇%に達していたということがあります。しかし、結局、過剰設備に耐えられなくなって国家が破綻したのです。だから投資ばかりを増やしてもうまくいかないのです。

そうすると、BRICsの二〇兆ドル経済で毎年必要な投資は、最大限で見ても、二〇兆ドルの三割(つまり六兆ドル)だということになります。先ほどもいったように、実物経済では、投資=貯蓄となりますが、仮に①「新興国は貧しくて貯蓄率がゼロ」だとして、②「この六兆ドルすべてを海外からの投資でまかなう」という仮定のもとで、③「新興国の近代化に二〇年かかる」として計算しても、必要なのは「6兆ドル×20年」で、せいぜい一二〇兆ドルです。

現在の余剰マネーは一四〇兆ドルに上りますから、それを全額、途上国への実物投資に回そうとすると、二〇年先の六兆ドルまでですでに持っているということになります。最初の年に六兆ドルの割り当てがきた人は儲かるでしょうが、二〇年後に割り当てがきた人は、最初の一九年間は利息ゼロで待っていることになります。これでは、もはやボランティア投資です。

しかも、それは「新興国の貯蓄率がゼロである」という想定のもとですから、二〇年のうちに新興国が力をつけてきて、貯蓄率が上がってくると、自分の国の中で固定資本形成のための資金を調達することができるようになってきます。そうすると、二〇年目に割り当てられた人は、たぶん永久に投資機会がないことになります。極端なことをいえば、これだけ巨大な余剰マネーの実物投資先には、宇宙船に乗って火星に行って旗を立てて敷地を確保しておくぐらいしか、思いつきません。すると、莫大な余剰マネーはＢＲＩＣｓへの実物投資以上に、投機マネーに流れていくことになります。

いまのグローバル経済はだんだんと暴走し始めています。これをどう制御するかがこれからの大きなテーマとなるでしょう。すると今後は、過剰金融資産の動きを規制する制度やシステムを考案することも必要だと思います。たとえば、すべての外国為替取引に何%か課税することで投機的取引を抑制するトービン・タックス[★34]を、グローバル化の時代に合わせて国境を越えるすべての金融資本取引に課して、税収は最貧国に分配するなどの方法を考える必要がありま す。世界の余剰マネーは今後新興国の近代化を先取りして、資源や食糧など基礎的物資を投機対象とする可能性が高く、そうなると資源を持たない新興国や途上国に大きな打撃を与えてしまいます。

しかし、この余剰マネーの抑制は国民国家レベルでは無理でしょう。国境を越えて自由にマネーが動く金融市場のもとでは、仮に日本だけで国境を越える資金に税金をかけても、ただ資金が外に逃げていくだけです。これではたんに日本にとって損失になるばかりで、何の抑止力もありません。国家は資本の力を統御することができずに、いわばマルクスのいった「団結せよ」を(労働者ではなく)資本が先にやってしまったような状況が生じているのです。資本は国境を越えて容易に利害が一致しますが、労働者の場合は——インドで働く人も、日本で働く人も、アメリカで働く人も——団結するた

★34…トービン・タックスとは一九七〇年代にノーベル賞経済学者のジェームズ・トービンが提唱した国際税制の構想のことで、短期的な資本の国際移動による世界経済への被害を防ぐために、世界各国が協調してすべての外国為替取引に一%未満の低率税を課すというもの。これによりキャピタル・ゲイン狙いの短期的な為替の投機を抑制するという狙いがあった。

めの統一的価値観・統一的方法がなかなか見出せないでいます。だから「世界中央銀行」のような形で、国民国家を超越する権威と権力を持った機関を創設することが必要となるでしょう。そして、「人類六〇億人のためにそうしたほうがいいのだ」と訴えていかないといけないと思います。地球は先進国一〇億人のためにあるのでも、ひと握りの資本家のためにあるのでもないのです。もっといえば、人類のためにだけあるのでもないと思います。

富の集中と社会の二極化

これだけ資本が余ってしまったいまとなっては、ケインズのいう「資本家の安楽死」を実現することは難しいでしょう。それでは今後の日本はどうすればいいのでしょうか。まず、いえることは、「欲を出すな」ということでしょう。先にもいったように、利子率が最低になったということは、資本が行き渡ったということですから、まずはその現実を率直に見つめるところからはじめなくてはなりません。
現在、ケインズ主義者の人たちが「財政出動をすればなんとかなる」といっていますが、その発想の根底にあるのは新自由主義とまったく同じで、「頑張ればまだ成長できる」という期待だと思います。その頑張り方が、市場に任せるか、政府がお金を出すかの違いだけで、成長という「大きな物語」を信じているという点においては同じなのです。しかし、これまでも述べてきたように、頑張れば成長できるというのは、先進国の長期金利がピークを迎えた一九七四年で終わっています。長嶋茂雄も一九七四年に、まだ超一流選手として通用すると見られていたのに現役を引退したではありませんか。[2]
日本は現在、一人あたりのGDPは四万ドルを上回っています。ルクセンブルグやノルウェーなどの人口の少ない国は別として、人口が多い国では、アメリカと日本が常にトップクラスです。日本が一〇年間停滞していたといわれますが、逆にアメリカは金融資本主義を目いっぱいふかしてもいまの日本と同じぐらいですから、これ

●2…「あしたのジョー」(原作：梶原一騎)の連載が、真っ白になったジョーが判定負けで幕を閉じたのは、一九七三年五月だった。理屈抜きで時代の転換点を直感するのが芸術家であるから、長嶋茂雄は芸術家だったといえよう。芸術家・鈴木忠志が東京では創造活動ができないとして、活動拠点を富山県利賀村に移したのは一九七六年だった。

は相当な金額です。それなのに、四万ドルではまだ足りない、アイスランド並みに六〜七万ドルまでいかないと豊かじゃないと考えて、もっと成長しようとすると、数年後には六〇億人が不幸になるでしょう。アイスランドも今回の金融危機で通貨価値が半減して、一人あたりGDPが三〜四万ドル台にまで低下してしまったのですから。

また、現在一人あたりのGDPが三六〇〇ドルしかない中国が、七万ドルを目指したらどうなるでしょうか。莫大な人口を持つ中国をはじめとする新興国が、成長のために必要な原油や鉄鉱石をこぞって求めれば、資源を持たない新興国は不利な立場に追い込まれて近代化が頓挫しかねません。しかも、今後は莫大な金融マネーが資源投機に流れ込むだろうことも考え合わせると、地球上の全員が物質的に階段を上がっていくのは不可能です。新興国の間でも二極化が進むことになるでしょう。

これまでのグローバル化が曲がりなりにも成立してきたのは、二割の先進国の人たちが、八割の貧しい人たちからものを安く買って高く売ってきたからです。いいかえれば、貧しい八割の人がいてこその、二割の人たちの資本主義だったということでしょう。しかし、現在進展しているグローバル化は、それを一〇対〇にするものです。今回のグローバル化は、「地球が有限である」ということをはじめて認識することになるのです。従来、二割の先進国の人から見れば、八割の途上国は先進国が成長していくための無限の世界でした。それが、一〇対〇になれば、ゼロとは無限の消滅なのです。

アメリカのサブプライムローン問題が象徴しているのは、グローバル化が進むと、外の貧しい国々だけでは足りなくなって、内側の貧しい人たちからも収奪しようという、資本主義の論理です。日本に広がっている貧困問題も同じものです。アメリカにおける経営者と一般労働者の所得格差は、三四四倍です（アメリカの民間調査団体、United for a Fair Economy と Institute for Policy Studies の共同調査報告“Executive Excess 2008”）。それは、経営者の一日分の給料と、労働者の一年分の給料が一緒だということです。こんなことはやはりおかしいでしょう。その意味では、資本は収奪する仕組みとしてはますます洗練化されているのかもしれません。

一六世紀初頭と現代に起こった超低金利時代（利子率革命）の共通性は、軍事力に依存した中世の帝国システムや資本主義に依存した近代システムでは、もはや資本（あるいは富）をこれ以上蓄積できないことが判明した時代だということです。一六世紀の利子率革命の時代は、中世の帝国システムから近代の資本主義システムへと転換して、大航海時代に乗り出していくことで、これに対処しました。陸続きに領土を拡張する中世の帝国システムでは、もうこれ以上の拡張ができないという状況があったからです。

こうした状況（社会システムの成熟化と停滞）のときに共通して起こるのは、「富の集中」化による社会の二極化です。バブル崩壊後も実体経済の二倍以上の金余り現象が起こっている現代の金融資本主義はもちろんのことですが、一六世紀のヨーロッパでもある特定の層が富を吸い上げるという事態が起こっています。たとえば、ジェノヴァの超低金利時代には、スペインが特権階級に富を集めるという「構造改革」[3]をおこないました。スペイン世界帝国のみならず、歴

●3…スペイン世界帝国の皇帝フェリペ四世（在位一六二一～六五年）のもとでオリバース伯公爵が皇帝の『全能なる』寵臣として宮廷でも権力をふるった」（関哲行・立岩博高・中塚次郎編『スペイン史1』山川出版社、二〇〇八年）。オリバースの構造改革は、凝集性を欠く「複合王政」を廃して、『カスティーリャの形式と法にのっとって』諸国を統合するという中央集権的王政の実現を提言している」（前掲書）

史の常として、大構造改革とは既存システム（スペイン世界帝国の場合、帝国システム）を強化することを目的として断行されます。ところが、大構造改革をしなければならないのは「歴史の危機」の真っ只中にあるからであって、当初から失敗の運命にあります。一九七〇年代後半からのサッチャリズム、レーガノミクス、小泉・竹中構造改革路線も同じ延長線上に捉えることができます。セルバンデスは当時のスペインの社会状況について『ドン・キホーテ・デ・ラ・マンチャ』の中で、登場人物であるサンチョ・パンサのおばあさんに「世の中には家柄は二つしかない。持ったのと持たないのと」と語らせていますが、このときにスペインで起こったのは富の特権階級への集中による「中間層の没落」だったのです。現代では、アメリカでウォール街に富を集中させたのと同様に、日本でも新自由主義的な「構造改革」によって二極化が生じています。

資本と国家が一体化した近代の資本主義においては、国家が国民を均質的に豊かにする仕組みを作りました（ちなみに、これに一番成功したのが日本です）。しかし、産業革命が起こった当時にイギリスで中産階級が豊かになった背後には、インドの労働者の生活水準が一世紀以上にわたって下落するということがありました。二〇世紀初頭にアメリカが豊かになる過程でも、カリブ海諸国が貧しくなりました。現代のグローバリゼーションのもとでは、こうしたことが国境の内側で起こることになるでしょう。

成長社会と定常社会

かつて清水幾太郎[★35]が「現在が未来に食い込むにつれて、過去はその姿を新しくし、その意味を変じていく。(中略)過去を見る眼が新しくならない限り、現在の新しさは本当に摑めないのである」(E・H・カー『歴史とは何か』の訳者・清水幾太郎によるはしがき)と書いています。今後、グローバル化は、六〇億人がみんな豊かになろうと成長を目指して「未来に食い込」んでいくだろうと思います。これに対して、「過去はその姿を新しくして、その意味を変じていく」の「過去」とは、たとえば一九七〇年代の評価です。一九七〇年代に起き

★35…清水幾太郎（1907–1988）は日本の社会学者。戦前にマルクス主義的批評家として活躍するも、転向を余儀なくされる。戦後は平和論者としても活躍し「庶民の思想家」とも評された。六〇年安保での挫折を経て、七〇年代以降は保守系の論者となる。著書に『流言蜚語』『社会学入門』など。E・H・カー『歴史とは何か』、マックス・ウェバー『社会学の根本概念』の訳者としても知られる。

たさまざまな危機（資本利潤率の低下、石油危機、さらにはヴェトナム戦争の終結、先進国で一斉に出生率が二・一倍を下回るなど）は、新自由主義的な「錬金術」で乗り越えられるほど生やさしいものではなかったということを、サブプライムショックが明らかにしてしまったと思います。

私は、一九七四年が近代のピークだったと見ることで、もう一度一九七〇年代半ばに起きたことについての評価を再考するべきだと思います。過去を見る眼が新しくならない限り、過去は生きません。一九九七年からの日本における利子率革命にしても、日本がもっとも早くポストモダンな経済状態に入って、人類史の夢のような状況が実現したわけですから、これからは「成長ではなく、定常になる」という認識をみんなが持てればいいのだと思います。「もっと自己責任で頑張れ」という不安ばかりを持たされるような視点の切り替えが、これからの社会の共通認識になればいいと思うのです。

ポスト近代の『リヴァイアサン』のために

――「長い二一世紀」に進行する四つの革命と脱近代の条件

現代の「陸と海のたたかい」

ドイツの歴史家・政治学者のカール・シュミット★1は『陸と海と』という本のなかで、「世界史とは陸の国と海の国とのたたかいの歴史である」と述べています。私は二一世紀に起こっている世界規模での社会・経済構造の変化を、この「陸と海のたたかい」という観点から捉え直すことができると考えています。

シュミットによれば「陸と海のたたかい」は、古代においてはローマ（陸）とカルタゴ（海）のたたかい★2としてあらわれましたが、近代の歴史を理解する上でもっとも重要なターニングポイントとなった

★1…カール・シュミット（1888‐1985）は、ドイツの法学者・歴史家・政治学者。第一次世界大戦後のワイマール共和国の政治体制を痛烈に批判し、議会制民主主義の根本的な欠落を指摘した。一九三三年からナチスに協力し、大戦後にニュルンベルグ裁判で尋問されるも不起訴になる。右派・左派を問わず後の政治哲学に大きな影響をおよぼす。著書に『政治的なものの概念』『陸と海と』など。

★2…ローマとカルタゴのたたかいとは、BC二六四年～BC一四六年まで三次にわたり続いたポエニ戦争のことを指す。地中海沿岸を領土として交易の要衝を押さえていたカルタゴは、この戦争によりローマ帝国に征服されて滅亡

のは、一六～一七世紀に「海の国」イギリス（英国教会）と「陸の国」スペイン（ローマ・カトリック）との間で生じたたたかいでした。★3当時のスペインは陸地の領土にもとづいた帝国で、ローマ・カトリックの権威と帝国の軍事力によって中世の社会秩序の中心にいました。これに対して新興国のイギリスでは、海洋貿易を通じて領土から自由な海の空間を制覇することで、以後の世界史のヘゲモニー★4を握っていくことになります。「陸の国」スペインから「海の国」イギリスへ。これがシュミットのいう「陸から海へ」の近代の「空間革命」です。この「空間革命」はちょうど（前節で述べた）ブローデルのいう「長い一六世紀」と時期的にも概念的にも重なっています。これらはともに「中世の封建制・荘園制システム（陸）から近代主権国家・近代資本主義システム（海）へ」の歴史的転換を記しています。

一六～一七世紀にイギリスによって切り開かれた「海の時代」を二〇世紀に継承したのはアメリカ合衆国です。アメリカは二〇世紀に航空技術を発展させることにより、海と空を一体化させて、世界の軍事的・経済的ヘゲモニーを獲得し、「海と空の時代」を切り開

することとなった。

★3…一六世紀に起こったスペインとイングランドとの戦争。当時、スペイン国王でカトリックのフェリペ二世とイングランド女王でプロテスタントのエリザベス一世は、ネーデルラントの権益を巡って争い、スペインの貿易船へのイングランドの海賊行為などで関係を悪化させていた。スペインはイングランドの体制打破を目指して侵攻を行ったが、一五八八年にアルマダの海戦によってイングランドに敗れた。

★4…ヘゲモニーとはイタリアのマルクス主義者であるアントニオ・グラムシが広めた概念で、特定の集団や国家が長期にわたって政治・経済の覇権を掌握することを指す。

きました。しかし、二〇〇一年の9・11（米国同時多発テロ）と二〇〇八年に生じたリーマンショックによって「海と空の国」アメリカの覇権に揺らぎが生じ始めています。いま、一六世紀以来再び「陸と海のたたかい」が生じているのです。

資本帝国とEU領土帝国

この「陸と海のたたかい」は、二〇〇八年に「G20★5」による第一回ワシントン・サミット（金融サミット★6）が開かれたことに象徴的に表れています。それまで世界経済の中心にいたのは「海の国」でした。たとえば、ランブイエ★7からはじまった「G6★8」のサミット（一九九八年以降は「G8★9」サミット）は、一九七三年の石油危機とその後の世界不況を受けて、イギリス、アメリカ、日本が中心となって集まったものでした。「G6」にはドイツ、フランスという「陸の国」も参加していましたが、英米に追従する形となって主導権を持てませんでした。ところが、リーマンショック後の世界不況に対応するために、

★5…G20は一九九九年に「二〇ヶ国・地域財務大臣・中央銀行総裁会議」として集まったもので、二〇〇八年からは「二〇ヶ国・地域首脳会合」も開催している。構成国は、日本、中国、韓国、欧州連合、ドイツ、フランス、イギリス、イタリア、アメリカ、カナダ、メキシコ、ブラジル、アルゼンチン、南アフリカ、トルコ、オーストラリア、ロシア、インドネシア、インド、サウジアラビアの一九ヶ国・一地域。

★6…金融サミットは二〇〇八年からアメリカ発の金融恐慌をきっかけに開催されているG20によるサミット（「二〇ヶ国・地域首脳会合」）のことを指す。正式名称は「金融・世界経済に関する首脳会合」。第一回は二〇〇八年一

ワシントンで「G20」のサミット（金融サミット）が開かれたあたりから、「海の国」は求心力を失い始めました。それは陸の国からのドル・ポンド体制への異議申し立てとしてあらわれています。たとえば、フランスのサルコジ大統領は金融サミットを前にして「ドルはもはや基軸通貨だといいはることはできない」と発言しました。★10 また、中国の胡錦濤《こきんとう》主席もロシアのメドヴェージェフ大統領も基軸通貨が国家の単一通貨（ドル）に連動していることに対して疑問を呈する発言をしています。★11

一六世紀からイギリスと（それを引き継いだ）アメリカは「海のグローバル化」を進めてきました。コロンブスがアメリカ大陸を「発見」したのが、一四九二年。ヴァスコ・ダ・ガマがインドへの海洋経路を発見したのが一四九八年ですが、この大航海時代を経て一六〇〇年にイギリス「東インド会社」が創設されました。これにより、ヨーロッパではオスマントルコとの衝突を避けて、海路から大陸を囲むことが可能になったのです。当時のヨーロッパにとって、海とは無限に拡張できるフロンティアでした。ところが現在では、上海、

一月一四・一五日にワシントンで開催された。

★7…ランブイエはフランスのパリ近郊にあるイヴリーヌ県の都市。一九七五年に第一回先進国首脳会議がこの地で開かれたことから、これをランブイエ・サミットとも呼ぶ。

★8…G6は一九七三年のオイルショックと世界的不況を受けて、一九七五年に先進国が集まってフランスのランブイエでサミットを開催したことからはじまった。構成国は、アメリカ、イギリス、西ドイツ、フランス、イタリア、日本。翌一九七六年にカナダが加わってG7となった。

★9…一九九一年以降にG7

ムンバイ、シンガポールなど、ユーラシア大陸の海岸部はほとんど成長してしまいました。これはフロンティアが消滅し、「海のグローバル化」が限界に達してきた証しだと思います。

そうすると、残されているのは「陸のグローバル化」だけだということになります。アジアの内陸部には資源も豊富にあり、多くの人がこれから経済成長して豊かになろうという期待を持っています。そこでＥＵは陸地の国境を緩やかにして、東へと拡張していくことになります。現在は、チェコ（二〇〇四年）、ハンガリー（同）、ルーマニア（二〇〇七年）など東ヨーロッパもＥＵに加盟し、リトアニア（二〇〇四年）などバルト三国もＥＵに入り、加盟国は二七ヶ国に及んでいます（原加盟国は独仏など六ヶ国）。ウクライナやトルコも射程に入れたＥＵの「東方遠征」★12が起こっており、さらにサルコジ仏大統領は、ＥＵと北アフリカの共同体構想「地中海連合」★13を提唱しています。「環地中海帝国」であった古代ローマ帝国は地中海を陸地から四方八方取り囲んで、「内海」にすることで「陸の帝国」となりました。現在のＥＵは「古代ローマ帝国」の拡大版なのです。また、

の会合にソ連（現・ロシア）が段階的に加わるようになり、一九九八年のバーミンガムサミット以降にG7のサミット（先進国首脳会議）はG8サミット（主要国首脳会議）と呼ばれるようになった。

★10…フランス大統領のニコラ・サルコジは二〇〇八年一一月一四日の金融サミットの前日にエリゼ宮（大統領府）で開かれた記者会見で、「ドルは第二次大戦終結直後には世界で唯一の（基軸）通貨だったが、もはや基軸通貨だといいはることはできない」と述べた。

★11…中国の胡錦濤主席は、二〇一一年一月一八日の訪米に先立ってウォールストリート・ジャーナルとワシント

ロシアでは南下政策の一環としてグルジアが占領[★14]され、中国でも西部開発[★15]が起こっています。このように、世界の中心が太平洋・大西洋からユーラシア大陸の中央にスライドするような力が働いているのです。

　このような「陸のグローバル化」が起きているなかで、これまで「海の時代」が作り上げてきた枠組みが急速に終わりはじめています。一六世紀にはじまった近代資本主義は、常に外へ外へと市場を拡大しないと成長できないというモデルでした。つまり「地理的空間を膨張させることで利潤を極大化させていく」というのが基本モデルです。そのためには常に市場が広がることと、移動に関わるコストは限りなくタダに近いことが必要です。しかし、この仕組みは、一九七三年のオイルショックと一九七五年のヴェトナム戦争終結で崩壊してしまいました。一九七三年のオイルショックは、石油の生産から販売までを独占し、低価格での供給を可能にしていたセブンシスターズ[●1]から、石油輸出国機構（ＯＰＥＣ）加盟の産油国側へ、価格と供給量の決定権が移ったことを決定づける出来事でした。

ン・ポストのインタビューで、二〇〇八年の金融危機の原因のひとつとして現行のドル基軸通貨体制の欠落があると述べている。また、ロシアのドミートリー・メドヴェージェフ大統領は二〇〇八年一〇月の金融サミットの準備会合で、ブレトン・ウッズ体制に代わって、各国金融市場の基準が調和された新しい国際経済体制を築く必要があると述べている。

★12…BC三三四年にマケドニアのアレキサンダー大王(アレクサンドロス三世)はペルシャへ侵攻した。ペルシャの地中海沿岸の領土をほとんど征服したアレキサンダー大王は、ついでソグディアナ、バクトリアを征服、最終的にはインドまで侵攻したが、長期遠征の疲れで軍の志また、東インド会社が軍隊を持っていたように、そもそも資本主義の対外進出は軍事力をバックにしたものでした。一九七五年にサイゴン（現・ホーチミン）が陥落し、ヴェトナム戦争において、世界最強の軍事大国である米国が敗北したことは、大航海時代からの地理的膨張による資本主義が終わったことを意味します。また、（前節で述べたように）先進国の長期金利がピークに達したのもこの頃（一九七四年）ですから、一九七〇年代はまさに近代の曲がり角に位置していました。

　このとき、「海の国」米英と日本のとった戦略は、平面空間を立体化して三次元空間にすることでした。国土の狭い日本は、文字通りの本当の高さ、東京の高層化とリゾートの高層化に向かいます。具体的には、通称「お台場」と呼ばれる臨海副都心開発などのいわゆる「ウォーターフロント計画」★16や、北海道トマムで一九八二年から開発がはじまったスキー場、リゾートホテル、コンドミニアムを中心とする通年型複合リゾート地★17などが典型です。どんな「空間」であれ、そこに新たなヒト、モノ、カネが入ってこなくなったと

気が上がらず引き返した。この一連の大遠征を東方遠征という。

★13…地中海連合とはEUの加盟国と地中海沿岸国による共同体で、二〇〇八年にフランス大統領のサルコジが提唱した。

★14…旧ソビエト連邦の構成国だったグルジアやウクライナが二〇〇〇年代の前半にロシアよりもアメリカとの関係を重視するようになった際に、プーチン大統領（当時）は、ウクライナに天然ガス価格の引き上げを表明し、ロシア・ウクライナガス紛争を起こした。また、グルジアに対しても介入を強め、二〇〇八年にグルジアが同国自治州の南オセチアに侵攻したときに、「南オセチア独立支持」

き、その「空間」は空疎になって崩壊します。たとえば、日本の「高層化空間」はワンルームマンションブームで終わりを告げました。東京に地方から毎年新たに、しかも前年より多くの大学生が入居し続けないと、バブルは持続しません。4LDKの四〇代サラリーマン向け郊外型ファミリーマンション、新婚向けの2LDK都心型マンション、そしてワンルームマンション（山の手線、駅のすぐ近く）へと、マンション購入者（入居者）の年齢が若年化して、大学生に到達した時点でこのゲームは終わります。まさか、高校入試を全国区にして東京に集めるわけにはいかないからです。

一方、国土の広い米国は、砂漠の上に高層化しても価値を生まないので、金融の高層化を図ります。一九七一年のニクソンショックによる変動相場制への以降はその先触れでした。IT技術と金融自由化を結合して作られた「電子・金融空間」は、行き詰まった市場規模の拡大（Y軸）と交易条件の改善（X軸）（「交易条件」については本節後半で詳しく説明しますが、国際貿易における商品の交換比率のことで、先進国はこれまで原油を安く買いたたくことで自らに有利な交易条件を作り出してきました）

を理由にして、グルジアにロシア軍を派遣し、侵攻した。また、プーチンはEUの欧州連合の発想に基づいて、旧ソ連周辺国の政治的・経済的統合を目指すユーラシア連合の構想を明らかにしている。

★15…西部開発（もしくは西部大開発）は中華人民共和国国務院が実施している開発政策で、経済発展から取り残された内陸西部地区を経済成長軌道に乗せることを目的としている。中国内陸部への外資の誘導政策やエネルギー開発、インフラ開発や辺境貿易などの施策が試みられている。

●1…セブンシスターズ（メジャーズ）とは石油の生産をほぼ独占し、価格決定権を握っている国際石油資本七社の

に対して、新たなZ軸を導入するものでした【次頁図1】。「電子・金融空間」もサブプライム層（信用力の低い層で、実質上低所得者層）を参入させた段階で先が見えていました。もっと信用力の低い人向けに住宅ローンを提供する技術を見出せなくなった時点で、ゲームは終了します。

図1の上部が一六世紀以降の近代資本主義の構造で、X（交易条件）とY（市場規模）を掛け合わせたものがほぼ名目GDPに相当しています。アメリカはこの平面（二次元）の空間を立体（三次元）化し、実物経済の世界から遊離してレバレッジをかけることで、金融経済における利益の極大化を図ったのです（図1の下部参照）。変動相場制への移行に伴って、通貨、金利、株価の先物市場が導入され、金融市場は飛躍的に拡大していきました。

本来、米国の商業銀行は（米国のみならず国際業務をおこなう銀行についても同様ですが）、自己資本比率★18に関する国際統一基準（BIS規制）★19によって、自己資本比率を八％以上にすることが決まっています。自己資本が八あれば、それを含む全体の資本が最大一〇〇になるまで他

ことをいう。七社中、五社がアメリカ資本（エクソン、テキサコなど）で、残りの二社はイギリス資本（ブリティッシュ・ペトロリアム）とオランダ資本（ロイヤル・ダッチ・シェル）である。七社すべてが「海の国」資本であることに特徴がある。

★16…ウォーターフロント計画とは、サンフランシスコやボストンの港湾部開発を参考に一九八〇年代の日本で導入された開発計画。神戸の人工島・ポートアイランドや首都圏の佃島、天王洲、お台場、有明、汐留、葛西、横浜市の横浜みなとみらい21、千葉市の幕張新都心などの再開発がその代表例。

★17…高度経済成長期以降、過疎化が進んでいた北海道占

図1 資本主義の構造の変化

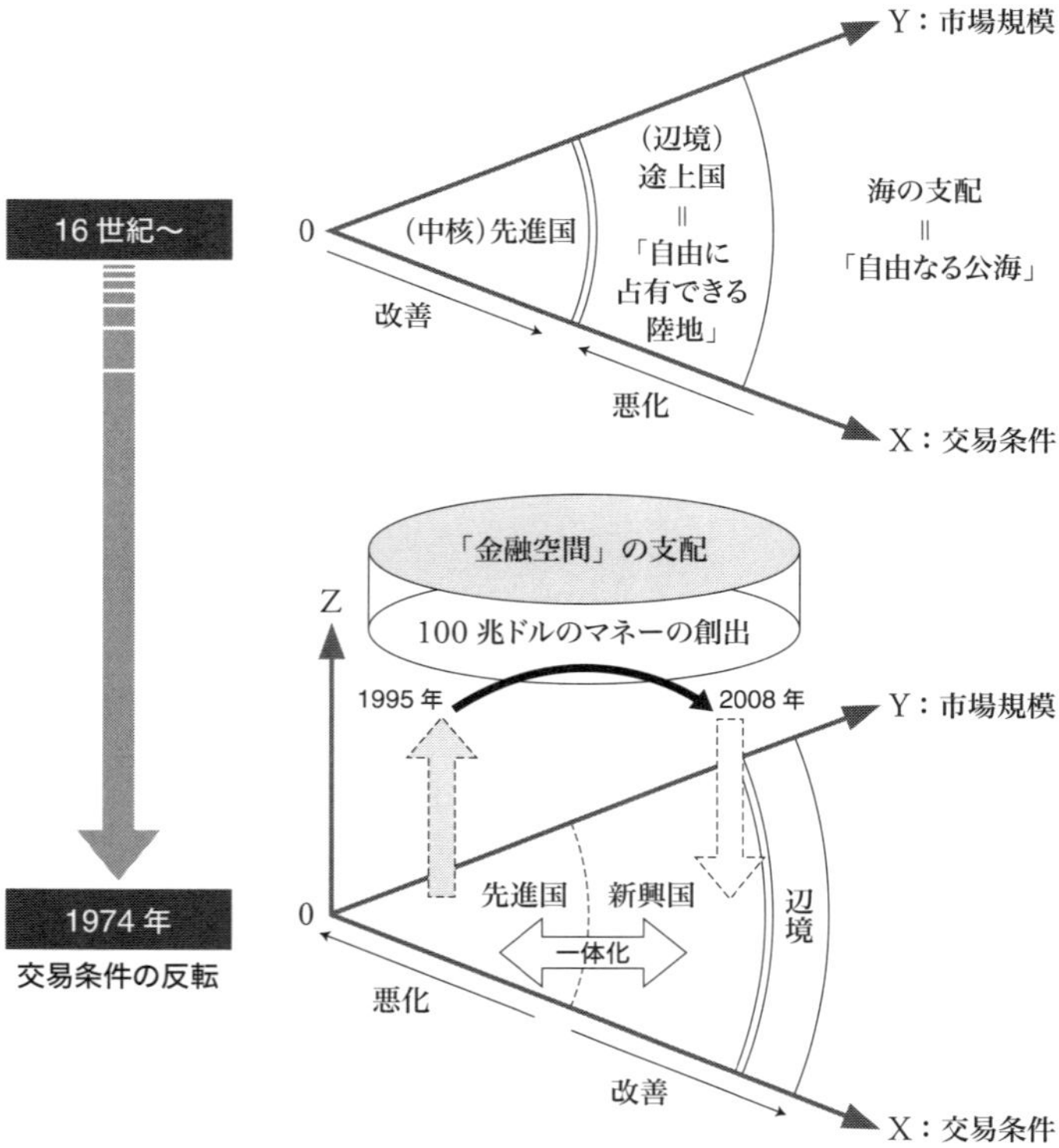

冠村の地域振興策として、占冠村中トマム地区を舞台に一九八〇年代にリゾート開発が進められた。高層ホテル群や北海道で最大規模のスキー場などが特徴で、バブル期の代表的なリゾート開発例のひとつ。

★18…自己資本比率は総資本に対する自己資本の比率のこと。総資本のうち、他人から借りた資金(他人資本)は負債として区別される。これに対して、残りの返済の必要のない資本を自己資本(株主から出資された出資金、剰余金、自己株式など)という。「自己資本比率＝(「総資本－他人資本」／総資産)×100」の定式であらわされる。

★19…BIS規制は、国際業務をおこなう銀行の自己資本から資本を借りて運用できるわけですね。つまり、自己資本の一二・五倍までは運用できる（8×12.5＝100）。ところが、投資銀行にはこの規制が適用されないために、何十倍ものレバレッジをかけることが可能になりました（これについても前節で述べました）。

リーマンショックで落ち込んだといっても、いまだに実体経済の二倍以上の金融資産が、レバレッジを一〇倍にするだけで実体経済の二〇倍ものパワーを持って国境を越えて自由に動くわけですから、国境に縛られた国家や国民ははるか下に見えます。これは、いうなればドルという基軸通貨を中心とした「ドル資本帝国」です。そのなかで、ポンドと円はさしずめ「海の通貨」ドルの召し使いといった位置づけでしょうか。

このような「海の国」の資本帝国に対して、元来「陸の国」である独仏は（あたかもかつてのローマ帝国のごとくに）「領土」空間を「帝国」方式で広げる道を選択したのです。一九九〇年の東西ドイツ統一の翌年、すぐに欧州連合の創設を定めたマーストリヒト条約（欧州連合条約）★20を協議し、通貨統合を決めます。通貨を統一することで、「陸

比率に関する国際統一基準のことで、バーゼル合意ともいう。国際的に活動している銀行に対し、信用リスクを加味して算出された総リスク資産の一定比率（八％以上）の自己資本の保有を求めたもの。

★20…マーストリヒト条約は欧州連合の創設を定めた条約で正式名称は欧州連合条約。一九九三年に発効した。ユーロの創設と、欧州共同体の創設、共通外交・安全保障政策、司法・内務協力を柱としている。アムステルダム条約、ニース条約、リスボン条約での修正を経て現在のEUの元となった取り決め。

の通貨」ユーロでもって共同市場を創設し、国家主権を徐々に浸食するような形で「EU領土帝国」を作ってきたわけです。

いまギリシャで起きていることは、独仏が、PIIGS[★21]と呼ばれる国の、上位概念に立つということだと思います。EUは、実質的には独仏政治同盟ですから、独仏を中軸にした「EU帝国」にPIIGSを組み込むということです。ギリシャやスペインの国民から見ると、自分たちの上にいるのは資本家ではなくて宗主国である独仏だ、ということだと思います。実際、EUはIMFと共同で、二〇一〇年五月にギリシャに対して、二〇一〇〜一二年の三年間で総額一一〇〇億ユーロ（約一三兆七〇〇〇億円）の融資をすることを決めました[★22]（第一次支援）。これは、ギリシャの国会からECB（欧州中央銀行）[★23]へ権限が移行することを意味します。するとギリシャの国会で何かを決めても、ECBから「そんな無駄遣いするな」といわれると従わざるを得ません。ギリシャからすれば、国家主権が制限されるわけです。

もともとギリシャの財政危機が表面化したのは、米国の大手投資

★21…PIIGSとはポルトガル（Portugal）、イタリア（Italy）、ギリシャ（Greece）、スペイン（Spain）の頭文字をとった造語で、世界金融危機に対して自力の経済・金融政策では対応できない不安のある国々を指す。

★22…さらに、二〇一二年以降も総額一三〇〇億ユーロのEU・IMFによるギリシャ向け追加支援が決定された（第二次支援）。

★23…欧州中央銀行はユーロ圏一七ヶ国の金融政策を担う中央銀行で、European Central Bank の頭文字をとってECBと呼ばれる。一九九八年に設立され、ドイツのフランクフルトに本店を置く。

銀行が、ギリシャ国債のCDS★24を売ったことで、ギリシャ国債が暴落(利回りが急上昇)したのがきっかけといわれています。ですから、独仏政府が直接にしかけているわけではないのですが、結果として「海の国」のウォール街が行ったことが、「陸の国」独仏の「帝国化」を促しているということになると思います。

前節で、「長い一六世紀」に起きたのは、中世の帝国システムから近代の国民国家システムへの転換であり、現在起きている出来事はこの国民国家の解体であると述べました。別の言葉でいいかえれば、これは「国民国家」から「(再)帝国化」のプロセスだということになります。しかし、英米の「海の帝国」にせよ独仏の「陸の帝国」にせよ、いずれも国民国家の枠を越えて「資本帝国」あるいは「領土帝国」が強化されるというグローバル化であって、これは国民にとってはけっして幸福なことではありません。このままでは、国民の生活水準はますます低下して、悲惨な状態になっていくと思います。

★24…CDSとはCredit Default Swapの略。債権が焦げ付いた場合に備える保証証券の一種で、債務不履行のリスクに対するプロテクションを商品として売り買いするもの。

民主主義を時代遅れにしたグローバリゼーション

グローバリズムの著名な研究者であるアンソニー・G・マッグルー[★25]は『変容する民主主義――グローバル化のなかで』において「グローバリゼーションの諸力は、リベラル・デモクラシーを時代遅れにしようとしているように思える」と書いています。あるいはクリントン政権で労働長官を務めたロバート・B・ライシュ[★26]は『暴走する資本主義』のなかで「民主主義は大量生産に支えられた大企業の経済力を部分的に抑制し、その利益を分散させていたのである」と指摘しています。

図2は、名目GDPと雇用者所得の関係の変遷を描いたものです。このグラフを見ると、一八六五年から一九九八年までの一三〇年にもわたって、縦軸の弾性値[★27]は、途中途中でジグザグはありますが、平均をとると、ほぼきれいに一で推移しています。これは、名目GDPがたとえば一%増えたら、雇用者所得も一%増えていた、ということを意味します。また、名目GDPは雇用者所得と企業利

★25…アンソニー・G・マッグルー（1954-）は、イギリスの政治学者。グローバル化する世界における民主主義のあり方としてコスモポリタン・デモクラシーを提唱している。著者に『グローバル・トランスフォーメーションズ』、編著に『変容する民主主義』など。

★26…ロバート・B・ライシュ（1946-）は、経済学者でクリントン政権下の一九九三～九七年まで労働長官を務めた。著書に『ザ・ワーク・オブ・ネーションズ』『暴走する資本主義』など。九〇年代初頭において、アメリカの富の大部分は一部の特権階層のものにすぎず、今後はますます格差と貧困化が進むと警鐘を鳴らした。

図2　名目GDPと雇用者所得の関係

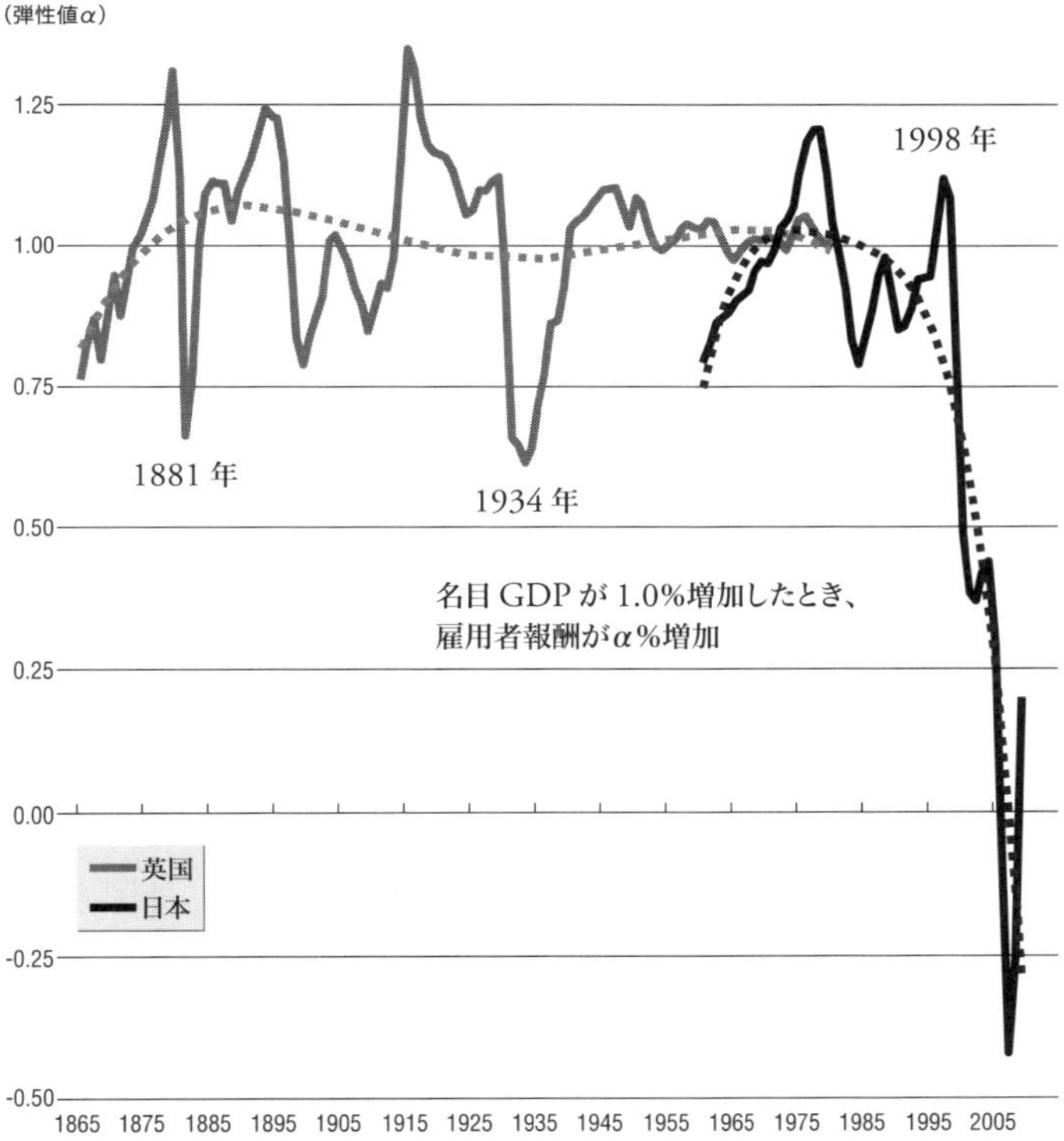

注1：弾性値αを求めるとき、一次回帰式 y＝α・x＋β、y＝雇用者所得（対数表示）、x＝名目GDP(同)、推計期間＝10年とした

注2：日本の場合、大企業製造業のy＝人件費（雇用者所得）、x＝限界利益（名目GDP）を用いた

出所：原書房『イギリス歴史統計』（B・R・ミッチェル）、財務省「法人企業統計季報」

潤の合計（「名目GDP＝雇用者所得＋企業利潤」）ですから、同時に企業利潤も一％増えていたわけです。

　つまり、一九九八年までは、付加価値★28（名目ＧＤＰは付加価値の総額です）の分配先は、その増加率においては、企業も雇用者も均等だったということですね。もちろん、増加率が均等ということは、企業と雇用者のもともとの分配率を、たとえば当初が七対三だったら、その後六対四に変更せずに、少なくとも一世紀以上にわたって労働と資本の各々に対する分配率を不変に保ってきたということを意味します。これこそがマッグルーのいうリベラル・デモクラシー、あるいはライシュの指摘する民主主義の力です。すなわち、かつては暗黙の契約が資本と労働との間で交わされていたのでした。

　ところが、一九九八年から、弾性値はまっさかさまに落ちて、ゼロやマイナスになっている。弾性値がゼロということは、仮に一〇兆円名目ＧＤＰが増えたとしても、その分をすべて企業がもっていってしまうということです。さらに弾性値がマイナスであるとは、たとえ名目ＧＤＰが増えても、企業がその増加分をもっていくばか

★27…個人所得または国民所得が一％増大したとき、他の経済数量がそれに対応して何％変化するかをあらわす比率を所得弾性値という。

★28…付加価値とは、あるものが有している価値と、それを生み出すもととなったものの価値との差をあらわす。具体的には企業が生産活動によって作り出した生産額から、その企業が購入した原材料や燃料などの中間投入物を差し引いたもので、各生産段階で付加された付加価値の合計は、最終生産財の価格に等しくなる。

りではなく、雇用者については去年より賃金カットする、ということです。これはまさに企業の暴走、資本主義の暴走です。一九九八年以降、景気回復とはいったい誰のためのものかを考える必要があります。一九九八年以降、株主あるいは資本家のための景気回復だったのです。

こうした状況にもかかわらず、日本では一九九九年二月からゼロ金利政策に踏み切りました。これはつまり、付加価値の増加分を雇用者に渡さない企業の側の金利負担はゼロにする一方で、一生懸命働いても所得がマイナスになっている国民に対しては、貯蓄の利子までゼロにしたということです。さらに同年、労働者派遣法を改正して、それまで専門職に限られていた派遣を製造業にまで拡大しました。その名目は「働く人の多様化に備えて雇用形態を自由化します」ということでしたが、実際は、企業に都合のいい雇用の流動化を促しただけです。

一方、欧米でも、一九九八年にドイツのダイムラー・ベンツと米国のクライスラーが合併しました。また、ドイツ最大のドイツ銀行が米国八位のバンカース・トラストを買収したのも一九九八年です。本来、民主主義は、大企業の経済力が独占あるいは寡占状態にならないようにして利益を分散させていたはずが、国境を越えるような巨大合併まで容認し、独占状態を認めるような政策をとっています。

図2で示されている弾性値一が象徴していたのは、GDPが一%増加すれば、国民も資本も一%増加するという、国家と国民と資本の共存関係でもありました。それがグローバル化が進んだことで、一九九九年前後、崩壊してしまったわけです。一九九〇年代以降進んでいるグローバリゼーションは、国家と国民と資本の共存関係をご破算にするものです。もちろん、一九世紀の鉄道の時代もグローバリゼーションはありましたが、それはあくまで三者の協力関係のもとで起こったことです(ただし、協力といってもそれはあくまで西側世界のなかでのことですが)。現在では一九世紀のそれとはまったく異次元の、近代の仕組みを全部ご破算にするような、そういうグローバリゼーションが起きているのです。

近代の終焉とデフレ

　グローバリゼーションは近代が作り上げてきた仕組みを次々と解体し、これまでの枠組みではうまく解釈できないような現象を作り出しています。たとえば、通常デフレとは需給ギャップから生じるものですが、二〇〇四年以降起きているデフレは、需給ギャップを原因とするものではありません。これも近代の仕組みが壊れたことから起きているものです。そのことを示す前に、デフレとは何かということから考えたいと思います。

　まず、デフレを測る尺度ですが、政府やＩＭＦは消費者物価指数[★29]（ＣＰＩ）を基準にデフレか否かを判断しています。しかし私は「ＧＤＰデフレータ[★30]」で判断すべきだと思います。現在先進国が共通に悩んでいるのは、名目所得の増加率が鈍化している、あるいは日本のように減少していることです。ＧＤＰデフレータとは名目ＧＤＰを実質ＧＤＰで割ったものです（「GDPデフレータ＝名目GDP／実質GDP」）。先ほど、「名目GDP＝企業利益＋雇用者所得」（正確にいえば、間接税や

★29…消費者物価指数は消費者が実際に購入する段階での、商品の小売価格（物価）の変動をあらわす指数。Consumer Price Index の頭文字をとってCPIと呼ばれる。

★30…ＧＤＰデフレータは、国内で生産されたすべてのものやサービスの付加価値の価格水準を示しており、ＧＤＰ（国内総生産）算出時の物価指数をあらわしている。国内の企業の利益や労働者の賃金など所得の変化を示す指数である。

減価償却費なども含みます）だと説明しましたが、これを当てはめてみると、ＧＤＰデフレータは産出量一単位あたりの雇用者報酬と企業利潤の合計でもあるといえます（「GDPデフレータ＝（企業利益＋雇用者報酬）／実質GDP」）。したがって、デフレとは生産量一単位あたりの雇用者所得と企業利潤の合計値が下落することを意味します。

ＧＤＰデフレータを決める、名目ＧＤＰと実質ＧＤＰの二つの変数がどうなっているかを示したのが、図３です。名目ＧＤＰの上下をならしたトレンド線★31を見ると、九七年から下がりっぱなしになっています。一方、実質ＧＤＰのトレンド線は右上がりです。右下がりの名目ＧＤＰを右上がりの実質ＧＤＰで割るわけですから、当然、数値は下がります。それがデフレです。生産数量（実質ＧＤＰ）はトレンドとして上昇していますので、工場の稼働率や労働時間は増えています。したがって、売れ残り在庫が積み上がって財の投げ売りで価格が下がっているわけではありません。一方、名目賃金と連動する名目ＧＤＰは下落基調です。働く人から見れば、景気の回復感を一向に感じられないのです。

★31…トレンド線とは、上昇相場であれば、安値と安値を結んだ線、下降相場であれば高値と高値を結んだ線のことで、相場の傾向性をあらわす。

図3　名目GDPと実質GDI

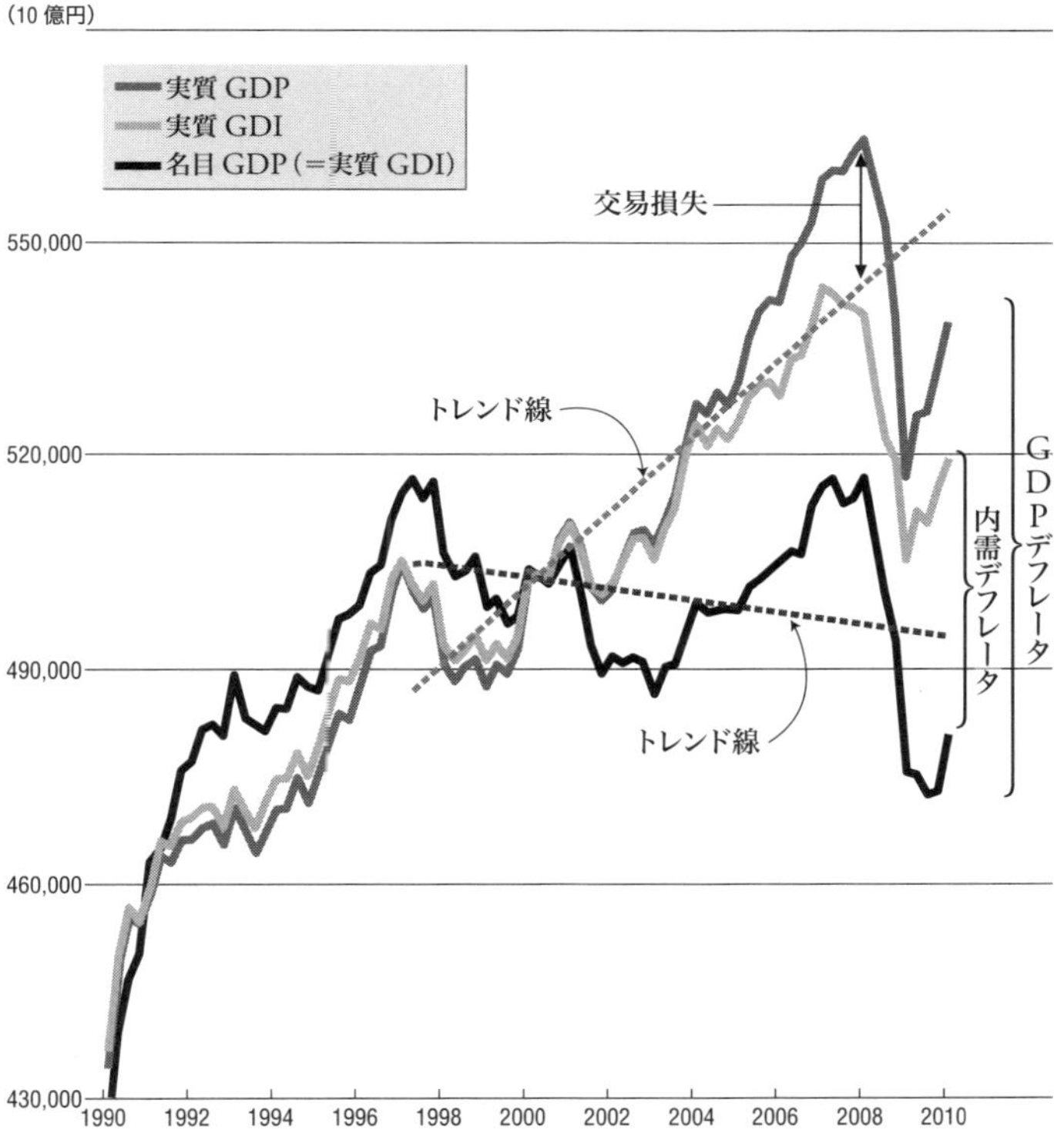

注1：実質GDI＝実質GDP＋交易利得（損失）
注2：傾向線は1997年から2009年まで
出所：内閣府「国民経済計算年報」

図3は国全体を見たものですが、それを製造業・大企業に限ったのが図4です。そこから先ほどの名目GDPと実質GDPに該当するものを抜き出してみましょう。名目GDPは付加価値の総額で、それが企業利益と雇用者所得に分けられました（「名目GDP＝売上高－中間投入物＝企業利益＋雇用者所得」）。名目GDPに該当するのが限界利益です。[★32] 限界利益とは会計上の用語で、定義は売上高から変動費を引いたものです（「限界利益＝売上高－変動費」）。この「変動費」というのは原材料・燃料などの「中間投入物」と同じものです。その限界利益のトレンド線は、ずっと右下がりです。

一方、実質GDPと連動するのが売上高です。実質GDPとは、たとえば二〇〇〇年の価格が変動しなかったとして、二〇一〇年の総生産額はいくらだったかと考えるものです。価格が同じですから、総生産額は、生産数量によって決まってきます。自動車を何台作ったか、カラーテレビを何台作ったかで比べようという概念なのですね。売上高も価格に販売台数をかけたものです。実際、販売価格は一年間でせいぜい一～二％しか動きません。しかし、何台販売

★32…限界利益は、売り上げが一単位増えることで増える利益のことで、「限界利益＝売上高－変動費」の定式であらわされる。また、この限界利益には固定費が含まれる（「限界利益＝固定費＋営業利益」）。商品別の限界利益から個々の商品販売に直接関与した固定費を引いたものを貢献利益と呼ぶこともある。

図4　大企業・製造業の売上高と限界利益

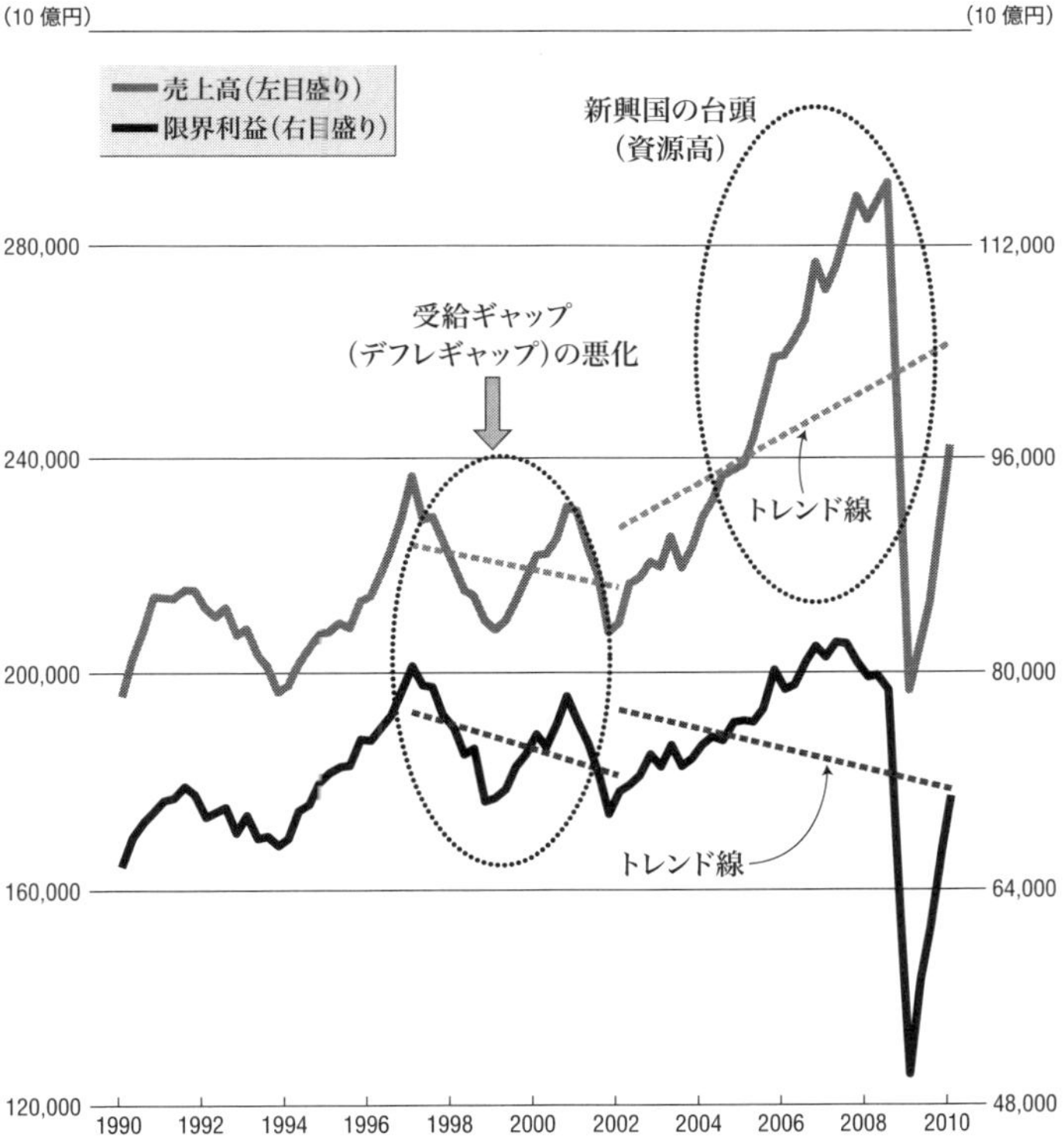

注：限界利益＝売上高−変動費（中間投入物）
　　　　　　＝固定費（人件費など）＋営業利益
出所：財務省「法人企業統計季報」

したかというのは、一年間で一〇～二〇％ぐらい上がったり下がったりします。ですから、売上高はほとんど実質GDPと同じと考えていい。そこで図4を見てみると、売上高のトレンド線は、二〇〇二年までは限界利益と同じように右下がりですが、二〇〇三年から右上がりを描いていることが分かります。

実は、需給ギャップの悪化によるデフレは、限界利益と売上高がともに右下がりになっていた二〇〇二年までです。この時期まであれば、財政出動や対症療法としての金融緩和は意味がありました。しかし、二〇〇三年以降は、売上高は増えているにもかかわらず、限界利益が減り続けている。ここから引き起こされるデフレに対する処方箋としては、伝統的な手法は通用しません。それどころか弊害が出てくるでしょう。

図5で詳しく見ていきましょう。二〇〇二年の一～三月期と二〇一〇年の一～三月期までの売上高・変動費のそれぞれの増減額を出します。この間、売上高は三三兆三〇〇〇億円ほど増えていますが、変動費も三三兆九〇〇〇億円とそれ以上に増えています。だか

図5 景気、所得の乖離

——1997年以降、現在に至るまで名目GDPの減少、物価（GDPデフレータ）の下落
（2002年以降、売上高、営業利益、鉱工業生産は増加）

（単位、10億円、年率換算%）

すべての数字が減少（売上高、生産、GDP、所得）	（大企業・製造業）（年率換算）					鉱工業生産	GDP		雇用者報酬（名目、SA）	GDPデフレータ（SA）
	売上高（S）	変動費（VC）	限界利益（=S−VC）	人件費	営業利益		実質GDP	名目GDP		
① 1997年2Q	228,424	149,152	79,272	29,441	11,078	101	500,703	517,022	279,160	103
② 02年1Q	208,731	137,406	71,326	27,643	6,564	88	500,917	491,890	268,007	98
③ 10年1Q	242,095	171,339	70,755	24,952	9,482	94	538,792	480,590	255,097	89

（増減率、年率換算%）

	売上高（S）	変動費（VC）	限界利益	人件費	営業利益	鉱工業生産	実質GDP	名目GDP	雇用者報酬	GDPデフレータ
②／① 97年2Q→02年1Q	-1.9	-1.7	-2.2	-1.3	-10.4	-2.8	0.0	-1.0	-0.9	-1.1
③／① 02年1Q→10年1Q	1.9	2.8	-0.1	-1.3	4.7	0.8	0.9	-0.3	-0.6	-1.2

（増減額、10億円）

	売上高（S）	変動費（VC）	限界利益	人件費	営業利益	鉱工業生産	実質GDP	名目GDP	雇用者報酬	GDPデフレータ
②−① 97年2Q→02年1Q	-19,693	-11,746	-7,947	-1,798	-4,514	—	215	-25,133	-11,153	—
③−② 02年1Q→10年1Q	33,363	33,933	-570	-2,691	2,918	—	37,875	-11,300	-12,910	—

需給ギャップの悪化
資源インフレ＝所得デフレ

景気関連指標
所得関連指標

出所：財務省「法人企業統計季報」、内閣府「国民経済計算年報」

ら限界利益は五七〇〇億円ほど減っていることになります。もし、ライシュのいう民主主義の機能が働いていたならば、利益の減った分は企業と労働者との双方痛み分けとなり、人件費は四〇〇〇億円減らして、企業利益も二〇〇〇億円減らすという配分になったと思います。ところが、実際には、人件費は限界利益の減少分の五倍近くの二兆六〇〇〇億円も減らし、逆に会社の営業利益は人件費を節約した分を上乗せして二兆九〇〇〇億円も増やしているわけです。つまり、限界利益が減っても、企業だけは儲かる仕組みを作ったのです。

資本の利益を増大するこの仕組み作りには、小泉・竹中構造改革路線の「官から民へ」という基本スタンスのもとにおこなわれた労働市場の規制改革などが大いに貢献したわけで、資本家から表彰状をもらえるほど、成果は絶大でした。しかし、これは働く側からするととんでもない話です。

この限界利益の減少をもたらした、変動費の増加分は、ほとんど原油の支払い代金です。図6は、売上高変動費比率と、鉱物性燃料

図6　大企業・製造業の変動費比率と原油輸入比率

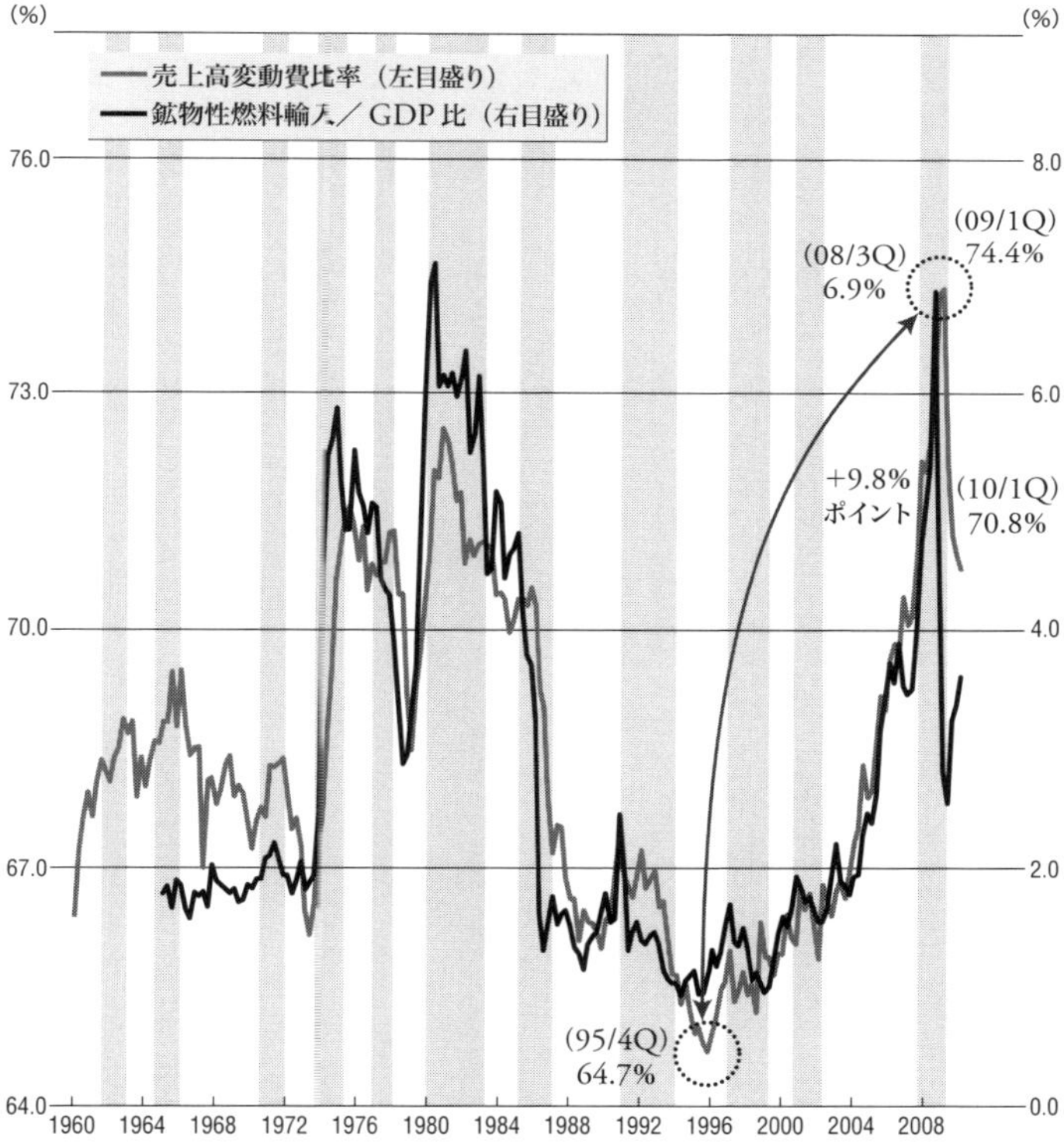

出所：財務省「法人企業統計季報」、内閣府「国民経済計算年報」、財務省「貿易統計」

の輸入代がGDPに占める割合を比べたものですが、ほとんど同じ動きをしていることが分かります。つまり、輸入代が増えた分だけ変動費比率が上がっているということです。一九九五年には変動費の売上高に占める割合は六四・七％だったのに、二〇〇九年には七四・四％まで一気に上がっていく。これだけ上がると、先ほどの売上高が三三兆円増えたのに対して、変動費が三四兆円も増えてしまうというような事態が起きるわけです。●2

ここで、GDPデフレータに戻りましょう。図7は、GDPデフレータの要因を分析したものです。GDPデフレータは内需デフレータと外需デフレータに分解することができます。この図を見ると一目瞭然なのですが、二〇〇三年以降、GDPデフレータの下落は外需デフレータの下落による影響が年々大きくなっています。二〇〇二年に二六ドルだった原油が二〇〇三年に三一ドル、二〇〇四年が四一ドルと、その後も二〇〇七年まで毎年九ドルずつ上がっていきます。ところが二〇〇八年になると、一気に一〇〇ドルを超え、一時は一四七ドルにまで上がります。それにつれて、どんどん外需

●2…原油や天然ガスなど鉱物性燃料の輸入金額は一九九〇〜二〇〇二年までは年平均で六・八兆円だったが、WTI先物価格が年平均一バレル＝九九ドルとなった〇八年の輸入金額は二七・七兆円に達した。

図7　GDPデフレータの要因分解

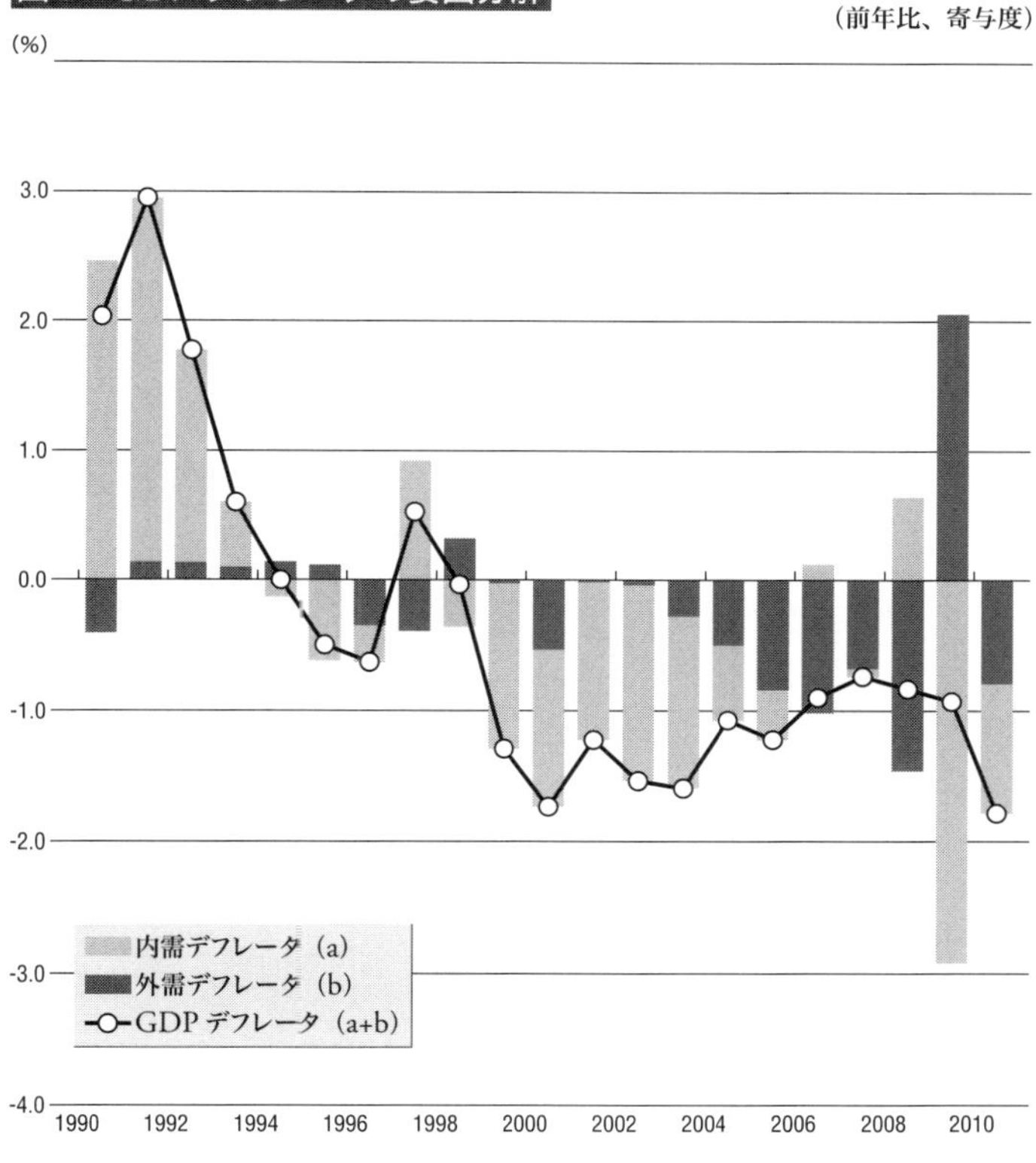

注：10年はWTI価格が80ドル／バレルと想定した場合
出所：内閣府「国民経済計算年報」

デフレータの下落が大きくなっています。外需デフレータは輸入デフレータが控除項目として計算されるので、資源価格などが値上がりすれば、外需デフレータはマイナスになります。

また、二〇〇九年一～三月期には原油は一気に四三ドルまで下がりました。図7からは原油価格が下がれば、外需デフレータはちゃんと物価を押し上げることが見てとれます。ただし、リーマンショックのような事態が起こると内需が打撃を受けますから、外需で物価を押し上げても、デフレギャップが広がってそれ以上に内需が冷え込むのです。

つまり「デフレから脱却するには、原油価格が下がればいい」ことになります。ですから、日銀は利上げをして、円高にすればいいのです。原油を少しでも安く買えるようにするためには、二〇〇二年から日銀は利上げをしておかなければいけなかった。それを量的緩和でますます円安にして、一〇〇円で買える原油を一三〇円でわざわざ買わせたわけです。

インフレ社会からデフレ社会へ

ここから見えてくることは「インフレ（成長）がすべての怪我を治す」をテーゼとした近代は終わったということです。近代の常識では、売り上げが増加すると付加価値も増加するというものです。しかし、先ほど見たのは、売り上げが増加しても付加価値は減少するような状況でした。それは、売上高に対して変動費（中間投入物）の比率が急上昇したことが原因でした。そして、この売上高変動費比率の逆数が「交易条件」なのです。

「交易条件」とは、国際貿易において一国の財と他国の財との数量的交換比率をあらわしています。この交易条件指数が高ければ高いほど、貿易に有利ということになります。交易条件は、産出物価を投入物価で割ったものですから、売上高変動比率との関係は次のようになります。「売上高変動費比率＝変動費／売上高＝販売台数×投入物価／販売台数×産出物価＝投入物価／産出物価」、「交易条件＝産出物価／投入物価」。ちょうど交易条件が売上高変動比率の逆数になっていることが分かるでしょう。つまり、売上高変動費比率が上がるということは、交易条件が悪化するということなのです。

近代社会というのは、交易条件は常に一定か、改善するような社会のことです。いいかえれば、石油や鉄鉱石をはじめとした中間投入物の売上高比が一定か、下降する時代です。正確には、そうなるようにしたのがセブンシスターズの存在で、これが西欧近代社会を豊かにするための必要条件でした。セブンシスターズの役割というのは投入物価を常に安く、あるいは一定の価格で先進国に渡すということです。一方、近代は、右肩上がりの成長社会で、インフレが基調ですから、先進国の作る産出物価は徐々に上がっていく。つまり、交易条件は改善していく。そして、交易条件が改善している限りにおいては、去年と同じことをやっていても儲かるのです。逆に、資源国からみると恒常的に、安く資源を売って高価なレクサスやベンツを買わなくてはなりません。資源国から見れば、「海の国」が資源価格を抑えているかぎり、豊かになることは不可能だったのです。（資源を）安く売って、（工業製品を）高く買っている限り、どんなに優れた名経営者（政治家）であっても高収益会社あるいは豊かな国はできません。そういう仕組みになっていました。アメリカの物価の全平均と原油価格の比率が、先進国と途上国の交易条件だったのです。

しかし、今後、もっと原油は高騰するでしょう。これまでは、先進国一〇億人が石油を使っていましたが、グローバリゼーションの進展で、新たに五〇億人が使いだしています。先進国にとって交易条件は、悪化する一方です。つまり、インフレ社会からデフレ社会への移行が起きている。いいかえれば、資源インフレの裏側で工業先進国のデフレが起きているのであって、先進国だけが豊かになることができる近代は終わったということです。

ですから、政府が本気でデフレ脱却を目指すなら、利上げをして、円高にすることで少しでも安く化石燃料を買うか、長期的には、脱化石燃料社会[3]を構築するしかないでしょう。

●3…原子力依存度を高めていくことも、脱化石燃料社会のひとつの方向だったが、3・11でそれは不可能になった。今後、日本はエネルギーの国産化を脱原発のもとで進めていく必要がある。

ポスト近代の条件は脱化石燃料社会

　図6（七九頁）を改めて見てください。第一次オイルショックが起きた一九七三年以前を見てみると、売上高変動費比率は、六七％が下限です。一バレル二〜三ドルで原油が買えたのが一九七三年までです。ところが、八〇年代後半から二〇〇〇年にかけて、日本はそれより低い売上高変動費比率を達成しています。この一五年間の原油価格は、平均すると二〇ドルです。すると二ドルで買ったときより、その一〇倍の二〇ドルで買ったときのほうが、売上高に占める変動費の比率は低いことになります。これを可能にしたのが日本の省エネ技術です。つまり、省エネ技術は、第一次、第二次オイルショックをまったくなかったことにした。それどころか、二ドルの原油ではなく一・五ドルの原油を買っているような状況を作り出したのです。第一次、第二次オイルショックのあと、日本が一人あたり名目GDPで事実上世界一位になった理由がここにあります。その意味では、近代の仕組みがいったん壊れかけたところを日本は省エ

ネ技術で乗り切ったわけです。しかし、原油価格が三〇ドル、四〇ドル、七〇ドルとなってくると、さすがに日本の省エネ技術をもってしても追いつかない。ここ二〇年近く日本経済が立ち直らないのは、それだけ原油高の影響が大きいということです。

ポスト近代では、エネルギーを、つまり化石燃料をいかに使わない社会にするかということが重要です。今後、化石燃料を使いはじめる五〇億人の人たちに、私たちは「使うな」とはいえません。ですから、これまでさんざん化石燃料を使って近代化を成し遂げた先進国のほうが、使わない社会を用意しておかないといけないのです。本当のオイルショックはこれからやってくるのです。第一次、第二次オイルショックは、あくまで先進国におけるオイルショックでした。その際には、日本は手本を示してある程度克服することができました。しかし、今後起きるオイルショックは、第一次、第二次の比ではありません。先進国がオイルショックで受けた以上の被害を、追いかけてくる国がいずれ受けることになります。そういうときに、化石燃料を使わない国を日本が作っておけば、世界に貢献できるのです。その意味では、二〇〇九年に鳩山元首相が国連で、二〇二〇年までに二五％の温室効果ガスを削減すると表明し、「産業革命以来の社会構造を転換し、持続可能な社会を作ることが次世代への責務だ」と強調したことは正しかったわけです。

「長い二一世紀」に進行する四つの革命

さて、これまで何度も述べてきたように「長い一六世紀」に中世から近代へとシステムを転換させた大きな歴史の断絶がありました。そして、その断絶を特徴づけるのが「利子率革命」「貨幣革命」「価格革命」「賃金革命」の四つの革命です。現代においても同じように四つの革命が起きています。この四つの革命がそれぞれどのようなものであり、どのような関係性にあるのか、順を追って説明してみましょう。

「利子率革命」についてはここでは繰り返しませんが、一九九七年九月以降、日本は超低金利の人類史上最高記録を更新しています。利子率革命は日本が先陣を切っていますが、低金利は先進国に共通した状況です。そして、利子率革命の背後にあるのはすみずみまで投資が行き渡ってしまった結果、実物投資で利潤が上がらなくなるということでした。

これを打開するために編み出されたのが、レバレッジ空間です。米国は世界中の資金をウォール街に集め、レバレッジという錬金術を使い、二〇〇八年のリーマンショックまでの十数年で巨額の金融資産を生み出しました。まさに無から有の、新しい貨幣を作ったわけですが、これが二一世紀の「貨幣革命」です（一六世紀においては、これはスペインのポトシ銀山の発見に対応しています）。一九九五年から二〇〇七年に至る金融資産の増加は、いわば「疑似貨幣」の供給と捉えることができます。株式交換で企業買収ができるようになったため、株式は貨幣となったのです。さらに株価がネットバブルの崩壊で値下がりすると、次いでアメリカは住宅ローンを証券化しました。

これに対して「価格革命」[4]とは、従来には見られない基礎的な資源の非連続な高騰のことです。原油価格は第一次オイルショックか

●4…「長い一六世紀」に起きた「価格革命」について、イマニュエル・ウォーラーステインは『近代世界システムⅠ』（川北稔訳、岩波書店、二〇〇六年）で次のように指摘している。「一六世紀の『ヨーロッパ世界経済』でもっとも顕著な現象のひとつに、長期のインフレーション、いわゆる価格革命がある」（一〇三頁）。「キリスト教徒支配下の地中海域と東ヨーロッパの物価差は、一五〇〇年には六対一くらいだったのに、一六〇〇年には僅か四対一に狭まり、一七五〇年には二対一程度までに達した」（一〇五頁）

ら二〇〇二年末に至るまで、およそ三〇年間にわたって、平均値一バレル＝二一・四ドルを中心として、下限一三・六ドルから上限二九・二ドルのレンジのなかで上下運動を繰り返してきました。もちろん、第二次オイルショックやイラン・イラク戦争、湾岸戦争などで供給ショックが起きた際には、一時的に四〇ドル前後まで高騰することもありましたが、しばらくすると従来のレンジに戻っています。いわゆる原油価格に回帰性があったのです。

ところが、二〇〇三年に入ると、供給ショックが起きたわけでもないのに、原油価格は上限を超えて上昇します。その後、二〇〇四年七月には四〇ドル超、二〇〇八年七月には一時、一バレル＝一四七ドルに達しました。現在も七六ドルあたりで推移（二〇一〇年八月時点の値）していて、二〇ドル前後のレンジに戻る気配はありません。これは従来の供給ショックが原因ではなく、先ほどもいったように、一〇億人から六〇億人へと原油需要が拡大したためです。こうした「価格革命」は原油だけでなく、食糧などでも起きる可能性があります。

同じことは、一六世紀の英国でも起きていました。小麦やいわゆる食料品が、いままで定常状態だったものが、一五〇年間に八〜一〇倍にも上がっていくのです。一五〇年間でなら、年率は大したことないと思うかもしれませんが、一三世紀半ばから一五世紀末に至る二五〇年の間、英消費者物価（一四五一〜七五年平均＝一〇〇とした指数）は、下限八八・六、上限一三〇・五の範囲内に収まっていて、平均値は一〇九・五でした。つまり、上がった物価は必ず下がり（回帰性があり）、定常状態にあったのです。しかし、一四七七年を境に英国の物価は上昇に転じて、その後二度と元の水準に戻ることはありませんでした。

当時の小麦は、イタリアやスペインといった、いわゆる先進国で消費されていました。先進国のみがおいしい小麦のパンを食べていたのです。一方ドイツなどの後進国はライ麦パンです。日本でいえば、コメが小麦で、ヒエとアワがライ麦でしょうか。ところが、一五世紀末になると、小麦から作られたパンのほうがおいしいので、後進国にも広がってユーザーが一気に増えます。そのために値段が八〜一〇倍に上がりました。需要が増えたにもかかわらず、供給力に制約があるからです。

グローバル資本主義とは人口一〇億人の先進国経済で営まれていた資本主義が、人口二八億人のＢＲＩＣｓと一体化することに他なりません。後者の人口が圧倒的に多いため、前者のシステムが後者を吸収することができずに、新しい価格体系への移行、つまり「価格革命」が生じることになるのです。一九世紀、二〇世紀の不況は深刻でしたが先進国（英米など）経済にチャレンジしてくる新興国（日独伊）のほうが人口が少ないので、既存の先進国経済のシステムが変更を迫られることはありませんでした。しかし、一六世紀と二一世紀に起きた断絶では、旧勢力と新興国の力関係が逆転しているので、旧システムが有する価値体系では事態に対処できないのです

この「価格革命」によって資源価格が上がり交易条件が悪化すると、企業はその利潤の減少分を、労働分配率を減らすことで補おうとします。先ほど見たように、ＧＤＰが一％増えたら、企業も労働者も一％ずつ所得が増えるという共存関係が壊れて、ＧＤＰが増え

ても労働者の所得は下がり続けるという状況が生じます。それが「賃金革命」です。

日本の一人あたりの名目賃金は、一九九七年一〜三月期にピークをつけて以降、下降局面に入り、二〇一〇年一〜三月期時点で、一〇・九％も減少しています（実質賃金では一〇・七％減少）。一方、企業の営業利益は、一九九七年度の三三兆円から二〇〇七年度には四九・五兆円へと一・五倍以上増加しています。また、企業の配当金に至っては、四・二兆円から一二・二兆円へと三倍近く増えています。これを見ると、賃金革命の実体は、資本と労働の成果として生み出される付加価値をすべて資本側に回すことだといっていいでしょう。

実は、一六世紀もそうでした。英国の実質賃金は一四七七年をピークに下落し、一五九七年にはピーク時の二四％まで低下しました。また、ウォーラーステインは『近代世界システム　1600〜1750』のなかで、一六世紀に先進国だったイタリアでも、「一六世紀に実質賃金が五〇％低下した」と書いています。要するに、小麦などを八倍に上げてインフレにしておいて、賃金は四倍しか上げない。だから生活水準は半分に下がるわけです。

ケインズにいわせれば[●5]、インフレによって生じた利潤が、賃金稼得者ではなくて、資本家層（不当利得者）に帰した時代だったのです。ケインズは「近代世界の年代史のうちで、実業家、投機業者および不当利得者にとって、これほどまでに長続きのした、そしてこれほどまでに豊富な機会は、かって存在したことがなかったのである。このような黄金時代に近代資本主義は誕生した」（『ケインズ全集六――貨幣論II』長澤惟恭訳、東洋経済新社、一九八〇年）といっています。つまり、こうして利潤を不当利得した者がブルジョワジーになっていくのです。定常社会だった中世社会を全部ご破算にして、格差を広げながらごく一部の人に資本を集め、マニュファクチュア（工場制手工業）を生み、産業革命を経て近代資本主義を誕生させたわけですね。

しかし、考えてみれば、「長い一六世紀」に実質賃金が半分になったといっても、それは一〇〇〜一五〇年、ほぼ三世代にわたって半分になったわけなので、一世代ではまだあまり実感せずにすみま

●5…ケインズは『貨幣論』で「スペインでは利潤インフレーションは、一五一九年アステカ族からの掠奪品が到来したときに始まり、早くも一五八八年、すなわち「スペイン」の無敵艦隊の「イギリス襲撃の」年に終わったように思われる。この七〇年の期間のあいだに、物価と賃金とはともに急上昇を続けていったが、しかし、物価は常にやすやすと賃金を超えて進み続けることができ、とくにその初めの四〇年間はそうであった」（『ケインズ全集6 貨幣論II』東洋経済新報社、一六一〜一六二頁）と述べている。

す。ところが、いまの日本の進み具合は、(一九九七〜二〇一〇年までの)一三年で一〇％の下落ですから、ほぼ五〇年で半分になるという恐ろしいペースです。「長い一六世紀」よりもいまの賃金革命のほうが、もっと大きいスケールで起きていることになります。

ポスト近代と定住社会

私はポスト近代の肝はエネルギー革命だと思っています。今後もっと原油価格が高騰すれば、海外の穀物を太平洋を横断して莫大な移動コストをかけてまで輸入することは成り立たなくなります。そうすると、ポスト近代というのは動かない世界、「定住」ということがキーワードになります。

たとえば、高速道路を一律無料という政策はポスト近代に相応しいものではありません。それは「車にどんどん乗って、動いて、GDPに貢献してください」という政策です。むしろエネルギーコストを抑えるような料金体系にする必要があります。たとえば、九州なら九州、関東圏なら関東圏の地域は無料で、それを越えると自動的に課金される。そうすると自動的に、地域の再生にもつながるでしょう。他の地域に頼れなくて、自分たちで考えなくてはいけなくなるわけですから。

もちろん、それは、江戸期の鎖国のようなことではありません。インターネットを通じた文化的な情報のさまざまなやりとりは、非常に効率的な、エネルギーコストの少ないコミュニケーションツールです。つまり、これからは物の移動より、情報の移動が重要になるでしょう。

「長い一六世紀」のイタリアでは、マキャヴェッリ●6が、政治を宗教・道徳から切り離し、現実主義的な政治理論を創始し、キリスト教社会ではない国家の仕組みを構想しました。あるいは、英国のホッブズも、国王から迫害されて亡命しながら、国家の形態を考えたわけです。そして、彼らが構想した国家像をもとに、国民国家を中心とした近代システムが出来上がった。

日本は世界に先駆けて、ポストモダンに入りました。二一世紀の

●6…マキャヴェッリ（1469-1527）の死後、五年たって『君主論』全二六章が出版されたのは一五三二年だった。『君主論』を執筆したのは、マキャヴェッリが一五一三年だったと推測されている。

『リヴァイアサン』●7をどの政治学者が書くのか、そして、二一世紀の『リア王』を誰が書くのか私はむしろ楽しみにしています。シェイクスピアは当時「長い一六世紀」の真っ只中にいて、富が上層部に集中する社会を糾弾したから、現在でも『ドン・キホーテ』と並んで世界ベストセラーの地位を保っているのです。偉大な芸術家とは、「歴史の危機」に登場するのです。実は、日本がポスト近代にもっとも近いポジションにいて、その理念を世界に発信する一番近くにいるのです。しかし、まだ「成長」でなんとかなると考えているようでは、みすみすそのチャンス（数千年に、しかも数カ国にしか巡ってこないような）を自ら逃してしまうようなものだと思います。

●7…ホッブズ（1588–1679）が『リヴァイアサン』を書いたのは一六五一年で、ウェストファリア条約締結の三年後だった。「秩序の形成と政治の宗教に対する原理的対決、そうした問題はすでにニッコロ・マキアヴェリなどによって追求されたが、これを初めて体系的に理論化したという意味で、トマス・ホッブズの『リヴァイアサン』は、近代政治理論の最初の代表例とみなされる」（梅田百合香『ホッブズ　政治と宗教「リヴァイアサン」再考』名古屋大学出版会、二〇〇五年、二頁）

第Ⅱ章　解体する中産階級とグローバリゼーション

グローバル・インバランスとドル

一九九五年以降、世界の金融資産を急増させた世界のマネーフロー

①対外不均衡是正の放棄と米「ドル帝国」化

一九九五年に資本主義経済は一変しました。国際資本の完全移動性を実現させて、資本不足に悩んでいた米国が「世界の余剰貯蓄」を事実上自由に使える仕組みを構築することに成功したからです。その結果、一九九五年以降における世界経済の特徴は、金融経済が実物経済に対して優位性を確立したことにあります。具体的には米

国の「ドル帝国」化といいかえることができます。グローバル化で米企業は外国で最も高い利潤を上げ、かつ米国民が所得以上に高い生活水準を享受できる仕組みが「ドル帝国」だということです。二〇〇七年八月以降世界を揺るがしたサブプライムショックは米「ドル帝国」を危機に陥れようとしているのです。

今後の最大の焦点は、「資本の帝国」が危機に陥るか否かであり、二〇〇八年九月に起こった米大手証券会社（リーマン・ブラザーズ）や世界最大の生命保険会社ＡＩＧ（アメリカン・インターナショナル・グループ）の経営破綻はその兆候と考えることができます。ＡＩＧは今回の金融危機で問題となったＣＤＳ（クレジット・デフォルト・スワップ）の信用リスクの引き受け手になっていた会社です。ＣＤＳとは、企業の倒産リスクを回避するための保険料を売買する取引です。ＡＩＧはＣＤＳを売って、巨額の保証料を得て高収益会社だったのですが、リーマンショックで会社の倒産が頻発すると、自己資本ではとてもＣＤＳを購入した金融機関から請求があった場合に払い切れなくなって、世界の金融システムが危機に陥る懸念があったのです。

ですから、米政府は公的資金を注入し、ＡＩＧを救済したのです。

一九九五年から二〇〇七年一二月（ピーク水準）にかけて世界の金融資産は六三・九兆ドルから一八七・二兆ドルへと、この間一二三・三兆ドル増加しました【図1】。ここでいう世界の金融資産は世界の株式時価総額、世界の債券発行残高、そして世界の預金の三つの合計をいいます。世界の金融資産の（世界の）名目ＧＤＰ比（以下、世界の金融資産比率）は一九九五年の二・二倍から二〇〇七年一二月に三・四倍に高まりました。この間、世界の名目ＧＤＰの増加額は二四・八兆ドルでしたので、世界の金融資産は名目ＧＤＰに比べて五倍のスピードで増加したことになります。一九九〇年から一九九五年にかけての相対的な増加スピードが三・五倍だったのと比べると、いかに一九九五年以降の世界金融資産が著しく増加したかが分かります。

世界の金融資産比率の分子、分母で各々最大のウエートを占めるのが米国ですので、米国株式時価総額の米名目ＧＤＰの比率（以下、米株式時価総額比率）は、世界の金融資産比率の代理変数とみなすこと

図1　1995年以降、急増する世界の金融資産

世界の金融経済と実物経済の比較

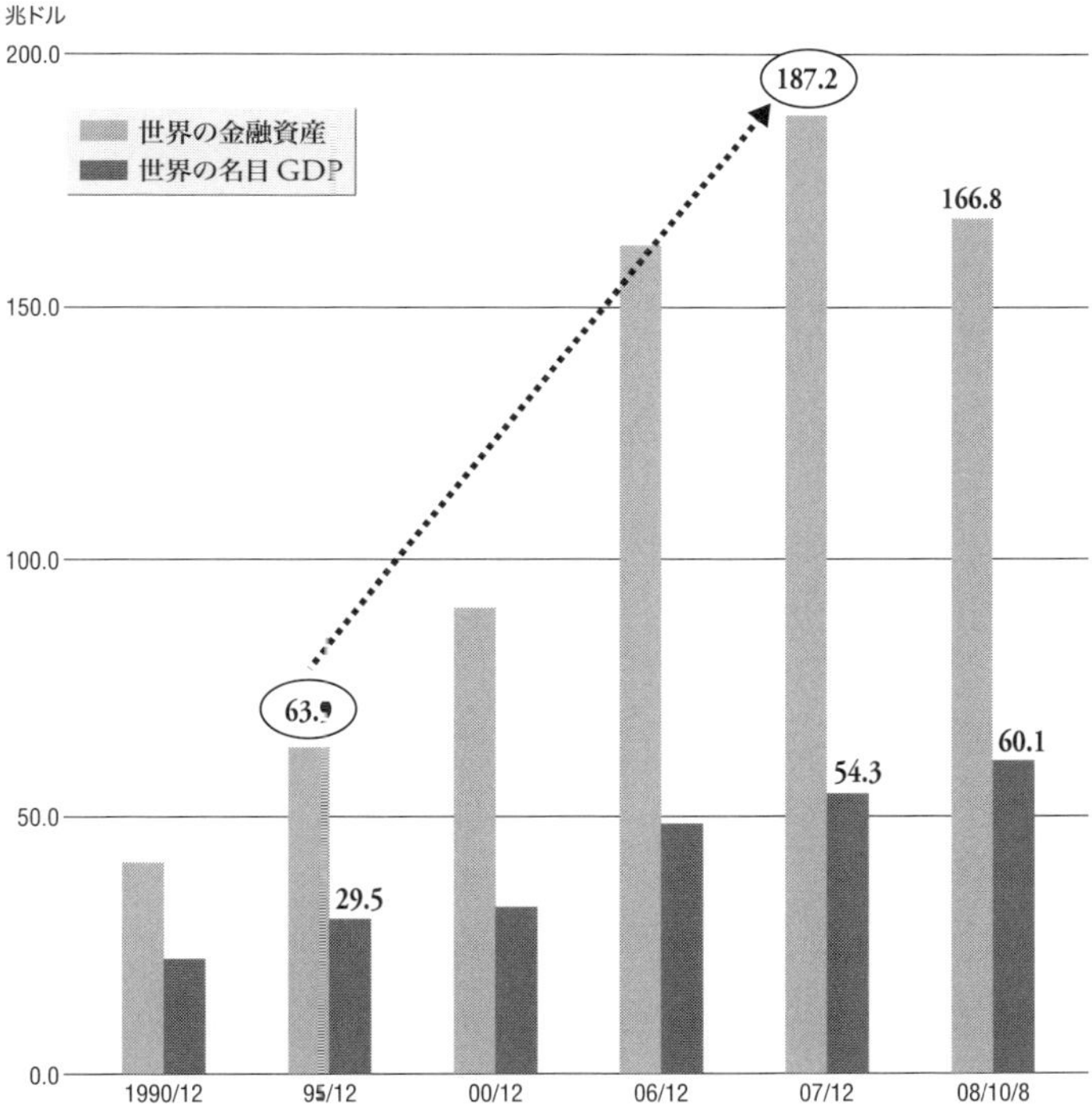

注1：世界の金融資産＝世界の株式時価総額＋世界の債券発行残高＋世界の預金

注2：世界の預金（マネーサプライ）は、日米、EU、英国、カナダ、ANIEs、ASEAN、中国、インドの合計

出所：World Fedration of Exchange, IFS, oecd, ADB, 日銀 , FRB, ECB.

ができます。米株式時価総額比率は一九九五年を挟んで非連続的な上昇が起きていますので、この一〇年における世界の金融資産の増加は二〇世紀で最大であったと推測することができます。すなわち、人類史上最大の資産増加が起きたといっても過言ではないのです。

　一九九五年以降、米株式時価総額比率は断層的に上昇しました。この比率は一九九九年には既往ピークの一・八四倍へと高まりました。そしてネットバブル崩壊と、それに続く9・11事件後に一・〇九倍（二〇〇二年）、そしてサブプライムショックに端を発した金融危機のさなかにおいて〇・九三（二〇〇八年末）と一九九九年のピーク以来の最安値をつけたのですが、それでも、一九六八年のピーク水準（〇・七四倍）を上回っています。平均値で比較すると、一九九五年以降の米株式時価総額比率が一・三七倍（一倍の標準偏差で一・一一〜一・六三倍）であるのに対して、一九二四年から一九九四年までは平均で〇・四九倍（一倍の標準偏差で〇・二四〜〇・七四倍）でした。明らかに一九九五年を挟んで株価水準が上方にシフトしたことが分かります。

この株価の水準訂正を可能にしたのが、国際資本の完全移動性です（Feldstein-Horioka test で確認可能）。[1] 一九九四年までは、米株価の上昇はピークでせいぜい所得（GDP）の〇・七四倍止まりだったのは、米国の株価形成を決定していたのが国内の限られた貯蓄であったからです。一九九四年までの主要先進国（G7）のなかで米国の個人貯蓄率は八・八%と、最も低く、米国は常に貯蓄不足に悩まされていました。それに対して、日本は一七・五%で、ユーロは一六・五%です。一九九五年から二〇〇七年までの米個人貯蓄率は二・四%あり、日本は六・九%、ユーロは一一・三%ですので、一九九五年以降も一九九四年以前と同じように米国の個人貯蓄率が主要国のなかで最も低い（OECD "Economic Outlook" 点に変わりありません。それにもかかわらず、一九九五年を挟んで、米国と欧州の株式時価総額比率が大きく上昇したのは、世界のお金が米国に集中して流入してきたからです。

一九九四年時点では株式時価総額比率は日本が〇・七五、米国が〇・七一倍、欧州が〇・四三倍でしたので、一九九五年以降のよう

●1…Feldstein, Martin and Charles, Horioka, (1980) "Domestic Saving and International Capital Flows" The Economic Journal, Volume 90, Issue358, 314–329 をもとに、一九九五年以降、国際資本の完全移動性が成立していることについては、水野和夫『人々はなぜグローバル経済の本質を見誤るのか』（日本経済新聞出版社、二〇〇七年）一三〇頁参照。

に米国の株価だけが突出して高いというわけではありませんでした。ところが、一九九九年に次いで高水準だった二〇〇六年の米株式時価総額比率は一・四八倍と、日本、欧州の比率一・一倍より高くなりました。毎年のマネーフロー（企業収益）の変化がストック（株式時価総額）として積み上がっていきます。米企業のグローバル展開によって、米企業の収益期待が高まったことで米株式時価総額比率の上方シフトが起きたわけではありません。株価収益率[★1]（PER、株価を一株当たり利益で割った比率）が上昇しているわけではないからです。もっとも、米企業や欧州企業のグローバル展開で米国や欧州企業の海外子会社の利益が増えているのですから、自国のGDPと比較するのは厳密には正しくありません。しかし、世界の株式時価総額の世界のGDP比率が上昇しているという事実から判断すると、こうした問題点はお互いに相殺されますので、米株式時価総額比率が上方シフトしているのは、金融資産に対する需要が増加しているからだと判断することができます。すなわち、世界の余剰貯蓄が米国の金融・資本市場でネット関連株価や証券化商品などの収益率の

★1…株価収益率 はprice earnings ratioの略でPERともよばれる。投資の判断指標のひとつで、株価が利益の何倍まで買われているのかを示す。「株価収益率＝時価総額／純利益」の定式で表される。

高い投資先を見つけたのです。マネーフローの動きを見ていくことで、世界の金融資産がいかにして積み上がったか、米「ドル帝国」建設のプロセスを理解することができるのです。

②「強いドルは国益」宣言と日本の量的緩和政策

世界の余剰貯蓄を米国へ集中させるのに決定的な役割を果たしたのが、ルービン米財務長官（当時）の「強いドルは国益」政策でした。一九九五年以降、米国金融・資本市場で外人投資家のプレゼンスが著しく高まったのですが、それは同時に日欧における実物投資（工場、店舗、オフィスビスの建設など）機会のなさの裏返しでもあったのです。日欧の対内・対外直接および対内証券投資を合計した金額と、米国のそれを比較すると、一九九五年に非連続的な変化が生じていることが分かります【次頁図2】。一九九四年までは、米国は「弱いドル」政策、すなわち「円高カード」を切り札にして日本の構造改革を迫ることで、対日輸出を増やし、米貿易赤字を削減しようとしま

図2　1995年以降、国境を越えて移動する資本

日米欧の資本流出入（対GDP比）

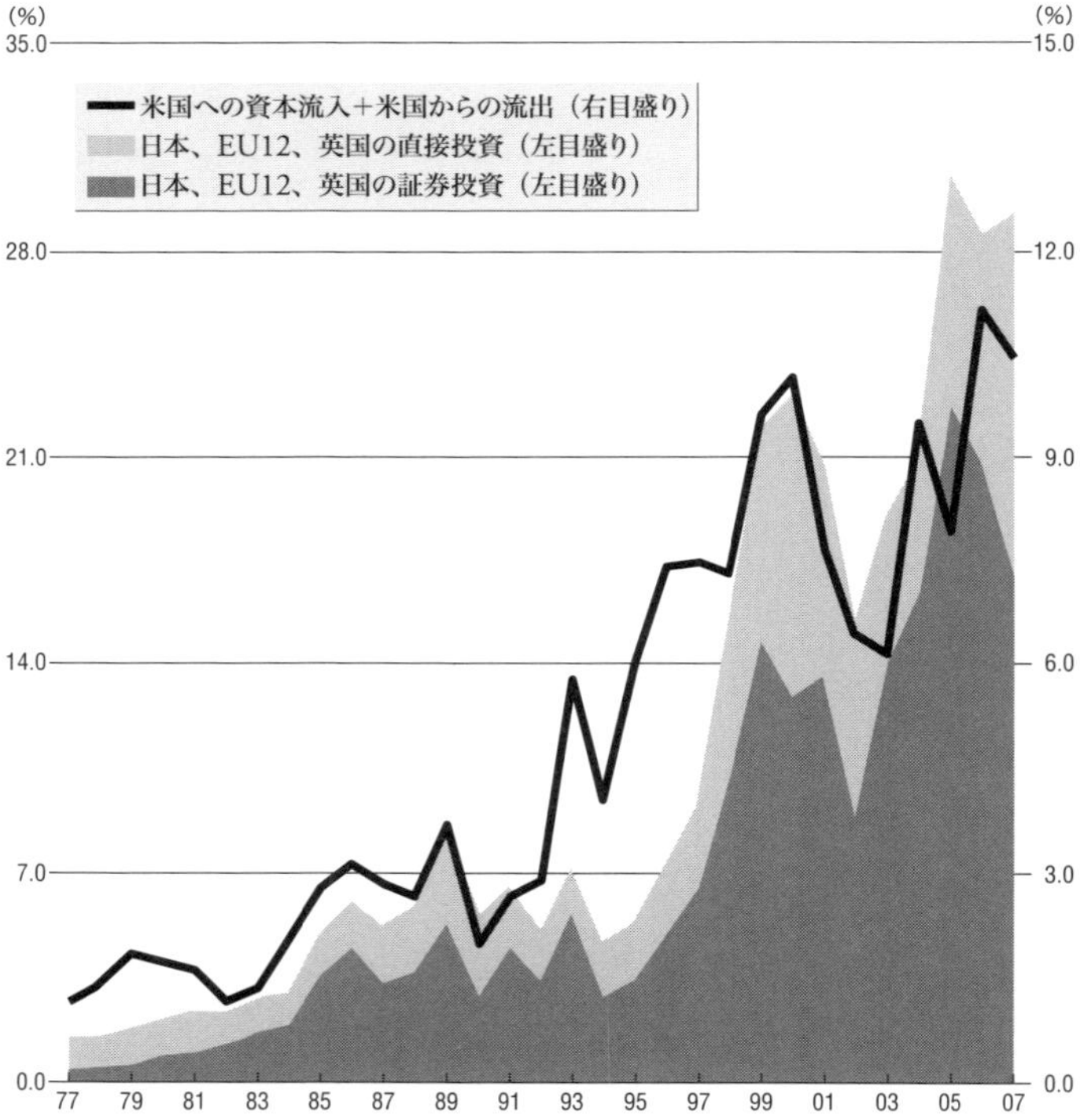

注：日米、EU12、英国の合計はInflowとOutflowの合計（絶対値）
出所：IMF "International Financial Statistics".

した。ところが、一九九五年以降、米国は対外不均衡是正の努力を放棄し、米経常赤字は米国ファンダメンタルズ[★2]が強いからだと、経常赤字の原因に関する説明を一八〇度変えたのです。

一九七五年から一九九四年まで、米国に流入する外国資本はGDP比で平均一・三%でした。ところが、一九九五年以降五・一%と三・九倍に増えたのです。なかでも高い伸びを示したのが欧州からの対米投資でした。一九九五年以降、欧州(EU12+英国)はそれ以前と比べて七・九倍に高まったのです。それに対して、日本は一・八倍と大して増えませんでした。米国内の限られた貯蓄を原資として米株価形成がなされていた一九九四年までの米株式時価総額比率は米経済ファンダメンタルズが最高のときでもせいぜい〇・七九倍だったのですが、一九九五年以降、米国が世界の貯蓄を利用できる仕組みを作るようになると、米株式価値の大幅な上方シフトが起きたのです。米国が有効に利用していないと判断する他国の貯蓄を利用するということは、米国は事実上無限の貯蓄を手に入れたことに等しいのです。

★2…ファンダメンタルズとは、国際経済を安定させるために必要となる条件で、各国の経済成長率、金利、物価上昇率、失業率、財政収支、経常収支、国際収支などのマクロ的経済指標をいう。二国間の為替レートはその国のファンダメンタルズによって決まるといわれている。

ある国（具体的には米国）が他国の貯蓄を利用するということは、米国の金融市場が他国の事情にも左右されることに他なりません。ですから、米国は覇権国（相手国の外交政策に影響を行使）ではなく、相手国の内政にも干渉できる「帝国」を目指すことになります。他国とは日本を含めたアジアであり、ヨーロッパです。一九九五年は日本が事実上、前後はじめてのデフレ対策としての利下げを行った年であり、マネーサプライの増加にこだわった日本はその後、量的緩和政策[★3]に踏み切り、円キャリートレード[★4]を通じて欧米の株高に貢献したことになるのです。

一九九五年は日本の事実上の超低金利政策のはじまりであり、デフレに陥った日本においては高いリターンが期待できる投資機会は少なかったのです。企業利潤率の低下は企業のＲＯＡ[★5]（総資産利益率）にあらわれています。一九六一年から一九九二年度までは日本の中小企業・非製造業のＲＯＡは平均六・五％でしたが、一九九三年度以降、三％へと半減したのです（財務省「法人企業統計年報」）。日本のデフレに続いて、一九九七年、一九九八年のアジア通貨危機、ロシア

★3…量的緩和政策は、日本銀行が二〇〇一年三月にはじめて導入した金融緩和策。当時、ゼロ金利は解除していたが、これ以上金利を動かす余地がなかったため、金融市場に出回るマネーサプライを増やすという手段をとった。

★4…円キャリートレードとは、円を借り入れて、外国為替市場で他の金利の高い通貨に替え、その国の株式や債券などに投資し、運用する取引のことを指す。円の金利が海外の通貨と比べて格段に安いことからおこなわれるようになった。

★5…ＲＯＡは return on assets の略で総資産利益率を指す。企業が持っている総資産が、利益を獲得するためにどれくらい有効に活用され

通貨危機が起き、アジア諸国の多くがマイナス成長に陥りました。世界の「余剰貯蓄」資金は魅力的な市場を探していたちょうどそのとき、米国の「強いドル」政策がとられたのです。世界の投資マネーを米国に集中させるという観点から見ると、絶妙のタイミングだったことになります。

一九九五年から二〇〇六年にかけて、世界の金融資産が最も増加したのは米国です。世界全体の増加額のうち米国がおよそ四割を占め、欧州が三割を占めました【次頁図3】。それに対して日本はわずか五％にすぎませんでした。とりわけ、欧米では金融資産の増加のなかで、株式時価総額と債券発行額の増加が六割から八割を占めたのでした。企業買収で株式交換制度[★6]が認められるようになり、株式は事実上、貨幣の役割を担うようになったので、金融資産は飛躍的に増加することができたのです。また、米国で一九七〇年代後半からはじまった自由化は、一九九九年に金融現代化法（Gramm-Leach-Bliley法[★7]）が成立し、業際間規制の抜本的改革である銀証分離[★8]が撤廃されたことで完成しました。銀証分離の撤廃も「新しい貨幣」誕生

ているかをあらわす財務指標。「ROA＝利益／総資産×100」の定式であらわされる。

★6…株式交換制度とは企業の合併や買収などを円滑に行うために株式の交換をスムーズにする仕組み。従来では、企業買収を行う際には買収先の企業の株主から株式を買い取らなければならなかったが、この制度によりその株式に見合った自社株を割り当てることで対処できるようになった。

★7…金融現代化法（Gramm-Leach-Bliley法）は一九九九年に制定されたアメリカ合衆国の連邦法。商業銀行業務や投資銀行業務、保険業務の兼業を禁止するため制定されたグラス・スティーガル法の一部を無効にする法

図3　欧米で急増する金融資産

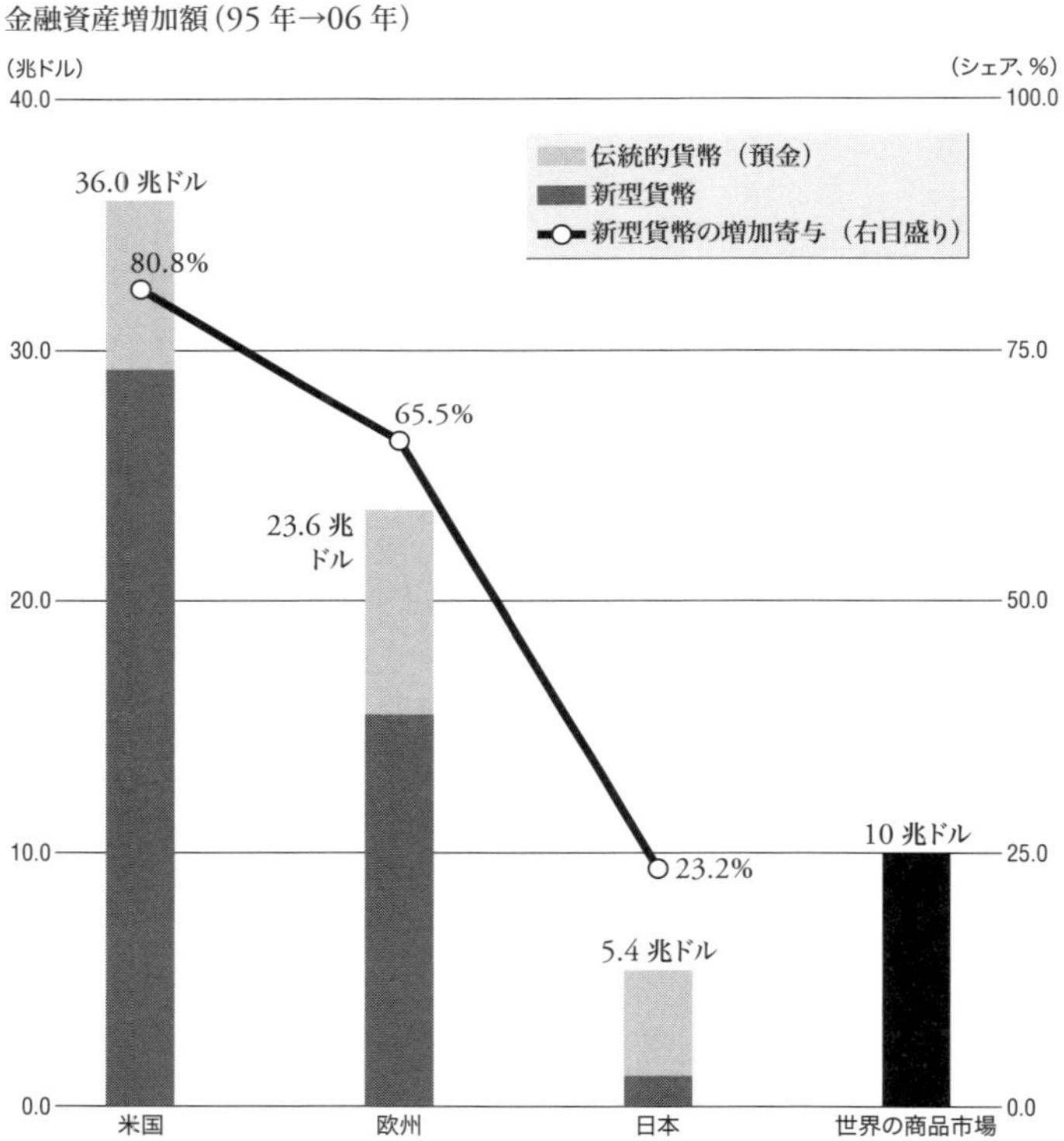

注1：金融資産は、株式時価総額、債券発行残高、預金（マネーサプライ）の合計
注2：新型貨幣は株式時価総額と債券発行残高、ただし、日本は株式のみ
出所：World Federation of Exchanges.

律で、これによりそれぞれの兼業が可能となった。

★8…銀証分離とは銀行業務と証券業務の兼営を禁止するもので、アメリカでは一九三三年のグラス・スティーガル法で規定された。

には欠かせませんでした。資本市場で貨幣を創造するのですから、資本力の小さい証券会社を銀行の巨大な資本力で補強しなければならなかったからです。

サブプライムショック後、シュリンクする世界のマネーフロー

①「ドル帝国」から「資本の帝国」へ

一九九五年以降、国際資本の完全移動性が実現するようになって、米国は「すべてのお金はウォール街に通ずる」ドル帝国となりました。その結果、米国は常にドル安懸念をもたらしていた経常収支赤字問題から解放されたのです。ところが、二〇〇七年八月のパリバショック★9に端を発したサブプライムショックは、米「ドル帝国」を危機に陥れました。世界から米国に流入する資本が細るどこ

★9…パリバショックとは二〇〇七年にサブプライムローンが組み込まれた金融商品がデフォルト（債務不履行）を起こしはじめた際に、フランスの当時の大手銀行BNPパリバ傘下のヘッジファンドが解約の凍結を発表し、投資家の間で信用不安が波及した。これがサブプライムショックの発端となった。

ろか、外人投資家が米国から資本を回収しはじめたからです。一九九〇年代の日本のバブル崩壊と異なり、今回の米金融システム危機はドル問題に直結し、ドルの基軸通貨としての地位を脅かすことになりかねません。サブプライムショックはその仕組みに亀裂を入れたのです。二〇〇七年八月のパリバショック当時に世界の投資家が過去最高額の三七七億ドルの資本を米国から引き揚げました（米財務省統計 "Capital Movements"）【図４】。外国資本の米国からの引き揚げは、一九九八年八～九月のロシア通貨危機[★10]以来九年ぶりです。経常収支赤字額を常に大きく上回って証券投資が流入して成り立つ米ドル帝国が、資金繰りに窮しはじめたのです。

二〇〇八年七月以降、米「ドル帝国」の資金繰りが一層深刻化しています。二〇〇八年七月、外人投資家が（パリバショックから）一年ぶりに一〇〇億ドルの資本を米国から回収したことで、米国資本は外国から三四二億ドル（当時としては過去最大）を回収せざるを得なかったのです。経常赤字国である米国は外国から巨額の資本が流入してはじめて、高リターンが期待できるＢＲＩＣｓなど新興国に投資

★10…ロシア通貨危機とは一九九八年八月に、ロシアが悪化する財政を理由にルーブルの切下げ、民間対外債務のデフォルトを宣言したことから生じた金融危機。この影響はロシア国内にとどまらず、世界同時株安が引き起こされた。

図4 サブプライム・ショック後、米国に集まらなくなった世界のマネー

米国の対内対外証券投資

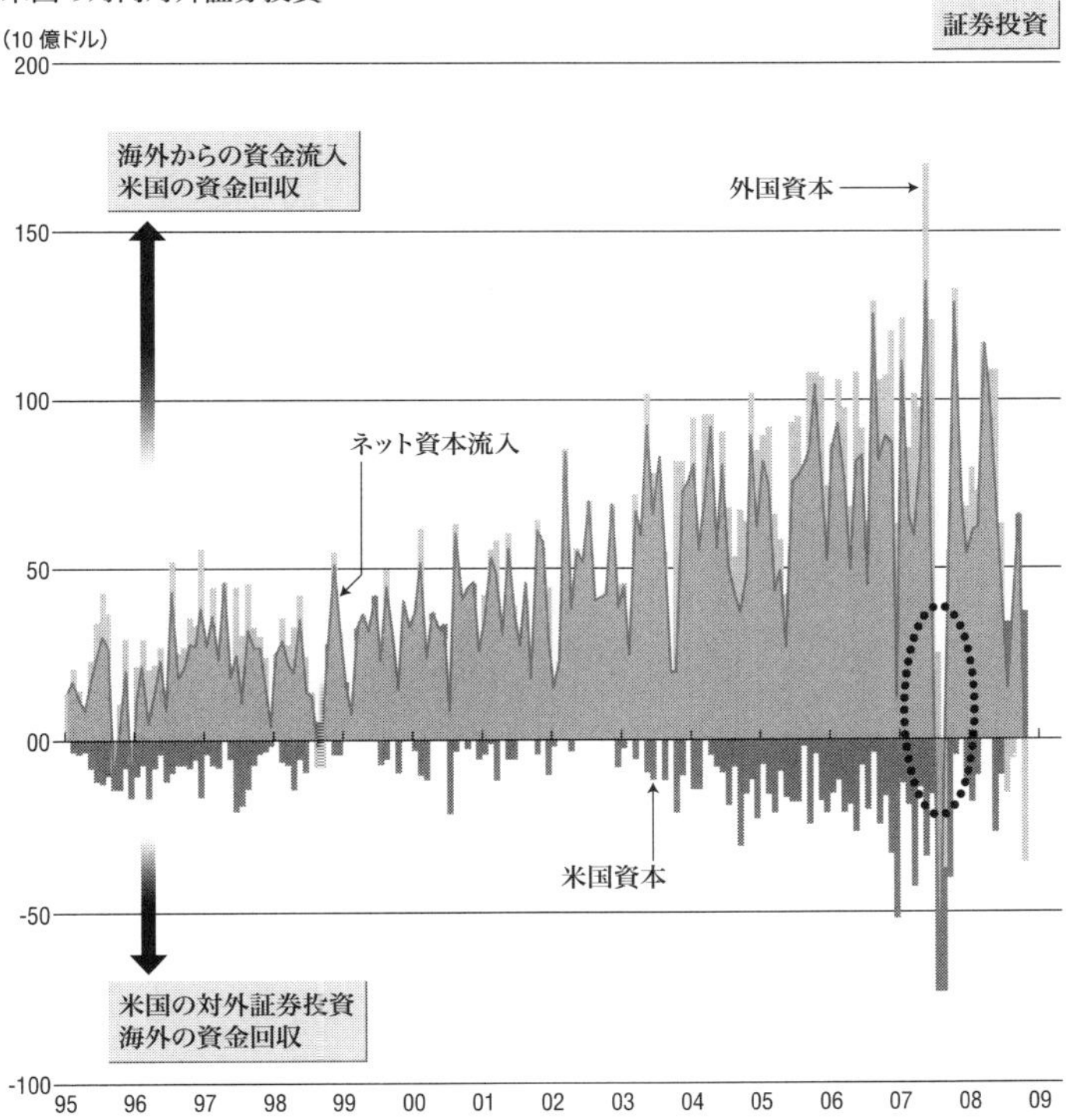

注：米国への資本流入＝外国の対米証券投資－米国の対外証券投資

出所：米財務省 “Capital Movements”.

できます。貯蓄不足の米国がグローバリゼーションに対応するには、「ドル帝国」化はある意味で必然だったといえます。米国は将来BRICsの近代化が進んで中産階級が台頭してきたあと極大化するリターンを享受するはずだったのですが、外国に投資した資本をこの時点で回収するとなれば、大きな機会損失が生じます。先進国における資本利潤率の趨勢《すうせい》的な低下を、米国内に巨額の外国資本を米国債投資のかたちで流入させ、米国内で資産価格を上昇させて株式や住宅のキャピタルゲインで補い、対外的には外国資本流入額と経常赤字との差額をBRICsなど新興国に投資することで、BRICsの高度成長とリンクすることができるようになっていました。リーマンショックでそれができなくなりつつあるのです。

すでに二〇〇八年三月のベアー・スターンズの破綻時に日米欧のドル防衛に関する秘密合意[★11]の存在が明らかになっているように、米金融危機は外国資本に依存してきた「ドル帝国」の危機に他ならないのです。米金融システムが安定化しないと、外人投資家はドル資産価値の目減りを懸念して米国から資本を回収(=ドル売り)します

★11…二〇〇八年のアメリカの証券会社ベアー・スターンズの破綻時に日・米・欧の通貨当局がドル買い協調介入を柱とするドル防衛策で秘密合意していたことが、日経新聞(二〇〇八年八月二八日)で報じられた。

ので、米資本も外国から資本を回収（＝ドル買い）せざるを得ないのです。グローバルな信用収縮が世界的資産デフレを招来させることになるのです。インターネットブーム、住宅ブームの次に、何らかの資産ブームが起きないと、「ドル帝国」の繁栄は持続できないのです。持続できないとなれば、あとは、崩壊か衰退かの違いだけになります。巨額の貿易黒字を生み出す産油国がドル基軸通貨体制をサポートすれば、衰退ですむのですが、そうでなければ崩壊してしまうのです。

米国の不良債権処理が長期化するから、長期にわたって超低金利政策で支えざるを得ません。産油国の通貨は基本的にドルペッグ★12ですので、ドル安＝産油国通貨安となり、産油国は輸入インフレに直面します。産油国は自国通貨を下落するドルとリンクし続けると、インフレ高騰で国内に不満が高まり、産油国はいつまでもドル支援することができなくなります。将来、ドルにとって代わるのは巨大な資本市場を抱えるユーロが最有力候補ですが、すぐにユーロが基軸通貨の役割を果たすことは無理です。国際システムが「無極化時

★12…ドルペッグ制とは自国の貨幣相場を米ドルと連動させる固定相場制を指す。経済基盤が弱く、政情不安定な開発途上国では、自国の貨幣相場が不安定な変動となりがちであり、このリスクを避けるために自国の通貨レートを基軸通貨のドルに連動させることがある。

代」[2]を迎えれば、当然通貨システムもドル基軸通貨体制を維持することが困難になります。資本が国境を容易に越えるようになると、米「ドル帝国」が危機に陥っても、「資本の帝国」の危機に直結するとは限らないのです。国際システム＝「無極化の時代」とは、中心となる主権国家が存在しないことであり、国家に代わって国境を容易に越える資本が主役となる「資本の帝国」の時代が到来することになります。

グローバル化は資本のパワーが国民国家を凌駕しながら進みます。金融経済が肥大化し、ブームが起きる過程では資産増にあずかれなくとも、借り入れが容易になり、賃金も上昇するなどその恩恵は国民に広くいきわたりますが、バブルが弾けるときは、巨額の資本を持つ人以上に雇用者のほうが大きな打撃を被ることになります。この段階で、「ドル帝国」は「資本の帝国」へと変貌するのです。「ドル帝国」の段階では、強いドルは米家計、企業、政府いずれにもプラスだったので、米国民国家と共通の利害関係にありました。ところが、「資本の帝国」になると、米家計や米国家の利害と

●2…米国の外交問題評議会リチャード・ハースは「グローバル化は（中略）国際システムを無極化へと向かわせている」と指摘している（「アメリカの相対的衰退と無極秩序の到来」「フォーリン・アフェアーズ」二〇〇八年五／六月号）。

必ずしも一致することはありません。むしろ利害衝突する可能性のほうが高いのです。資本は容易に国境を越えられるので、ドルにこだわる必要がないですし、今回のリーマンショックのように巨額の損失を公的資金で補填され、救済させるのです。サブプライムローン問題は、国民国家に多大な影響を与えることになると予想されます。米経済、ひいては世界経済を牽引してきた米実質個人消費支出は、実質住宅価格の増減率と密接に関係しているからです【次頁図5】。

②近代の終焉と「多機能化」、「大型化（高級化）」、「金融化」

一九七〇年代から三〇年以上にわたって新自由主義政策を採用した結果として起きたのが、ドル価値は市場が決めることを原則としてきた米「ドル帝国」の危機です。人類史上、日本の利子率が最低を更新し、米国の一〇年国債利回りも二％を下回る可能性が出てきたのです。●[3] 利潤率の趨勢《すうせい》的な低下を逆転させる役割を期待された新

●3…二〇一二年八月、第二次ギリシャ危機が高まったとき、米国、英国、ドイツの一〇年国債利回りが一斉に二％を割れた。

図 5　米個人消費支出のカギを握る米住宅価格

米住宅価格の乖離率と米個人部門の対 GDP 比

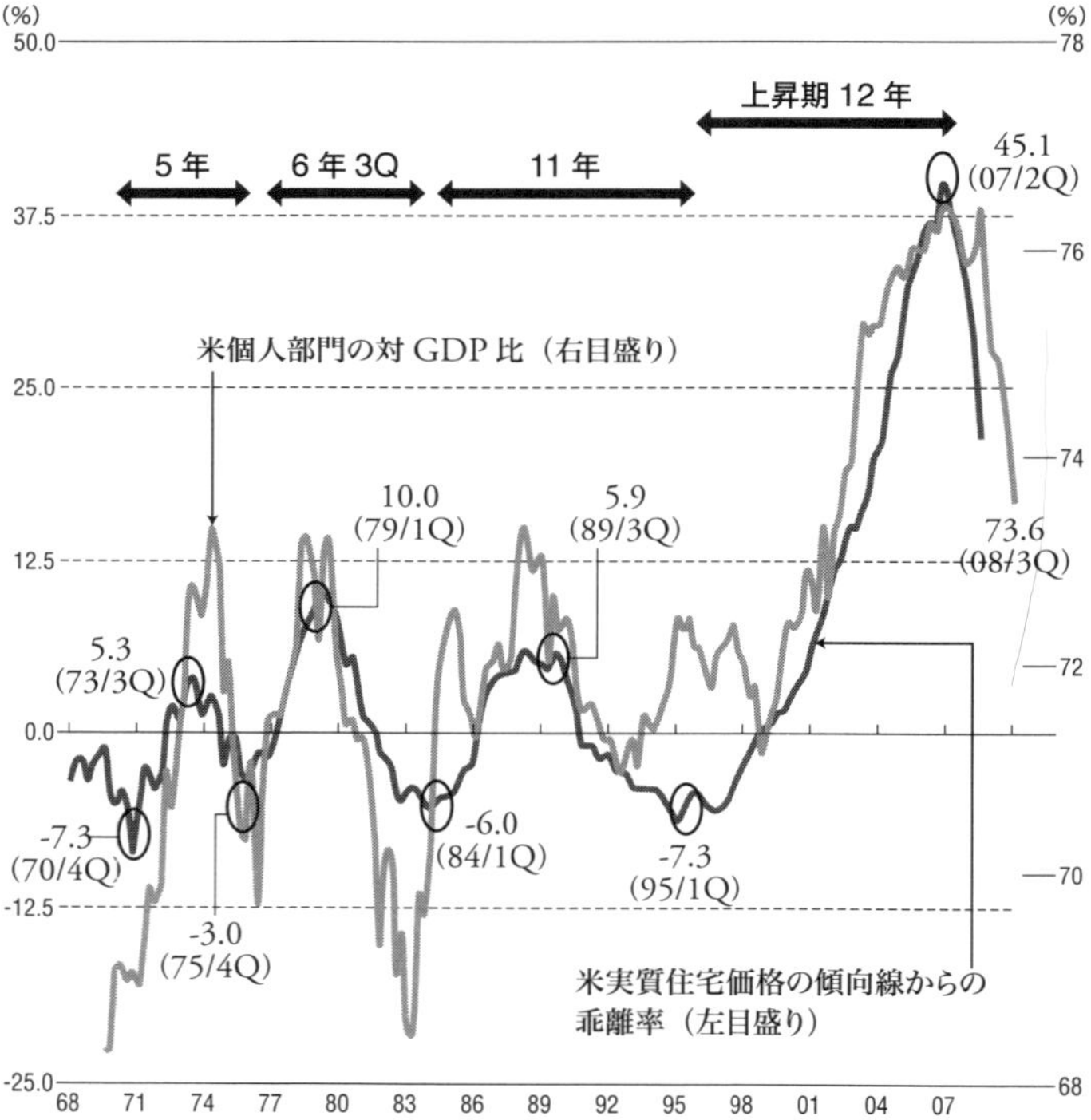

注 1：米個人部門＝実質個人消費支出と住宅投資の合計
注 2：米個人部門の対 GDP 比は 1 年半先行してプロット
注 3：傾向線の対象期間は 68/1Q ～ 95/1Q まで
出所：Office of Federal Housing Enterprise Oversight.

自由主義が破綻したのです。新自由主義は市場の効率性を高めれば、利潤率は上がるはずだと主張したのですが、ますます長期金利(利潤率)は低下しました。この三十年数年おこなってきた新自由主義の実験は明らかに逆の事態を招来させたのです。

新自由主義は一九七四年にハイエクがノーベル経済学賞を受賞したことで、「大きな政府」＝福祉社会に代わって「小さな政府」＝自助努力が正統派経済学の座についたのです。この一九七四年は先進国の物的な拡大が終わった年でもありました。一九七四年は先進国において一人当たり粗鋼生産量(＝使用量)がピーク[4]に達した年です【次頁図6】。しかも、その後、先進国では一人当たり粗鋼生産量(＝使用量)は低下傾向を辿っているのです。日本の一人当たり粗鋼使用量は〇・八二トンだった一九七三年がピークで、二〇〇七年は〇・六トンまで減少しています。バブルのピークだった一九九〇年でさえも一九七三年の水準を超えることができませんでした。

鉄の使用量は近代化のバロメータです。近代化のプロセスは都市化とモータリゼーションにあらわれます。農村から都会への人口移

●4…先進国における粗鋼使用量を測るには、本来、先進国の粗鋼使用量(先進国各々の粗鋼生産量に、粗鋼輸入量を加え、各国の粗鋼輸出量を控除して計算)を先進国の人口で割って計算する必要がある。しかし、先進国(OECD加盟国三〇ヶ国)のデータが揃わないので、世界の粗鋼生産量を先進国の人口で割って、その代わりとした。この方法で求めた一人当たり粗鋼使用量のなかには、新興国や途上国の一人当たり使用量を含むことになるが、一九九〇年代半ば以前においては、新興国や途上国の一人当たり使用量は増加していないと仮定しても差し支えない。新興国や途上国が近代化のプロセスに入ったのは、一九九〇年代半ば以降であって、それ以前は鉄の使用量は一定で、年々

図6　一人当たりの世界粗鋼生産量

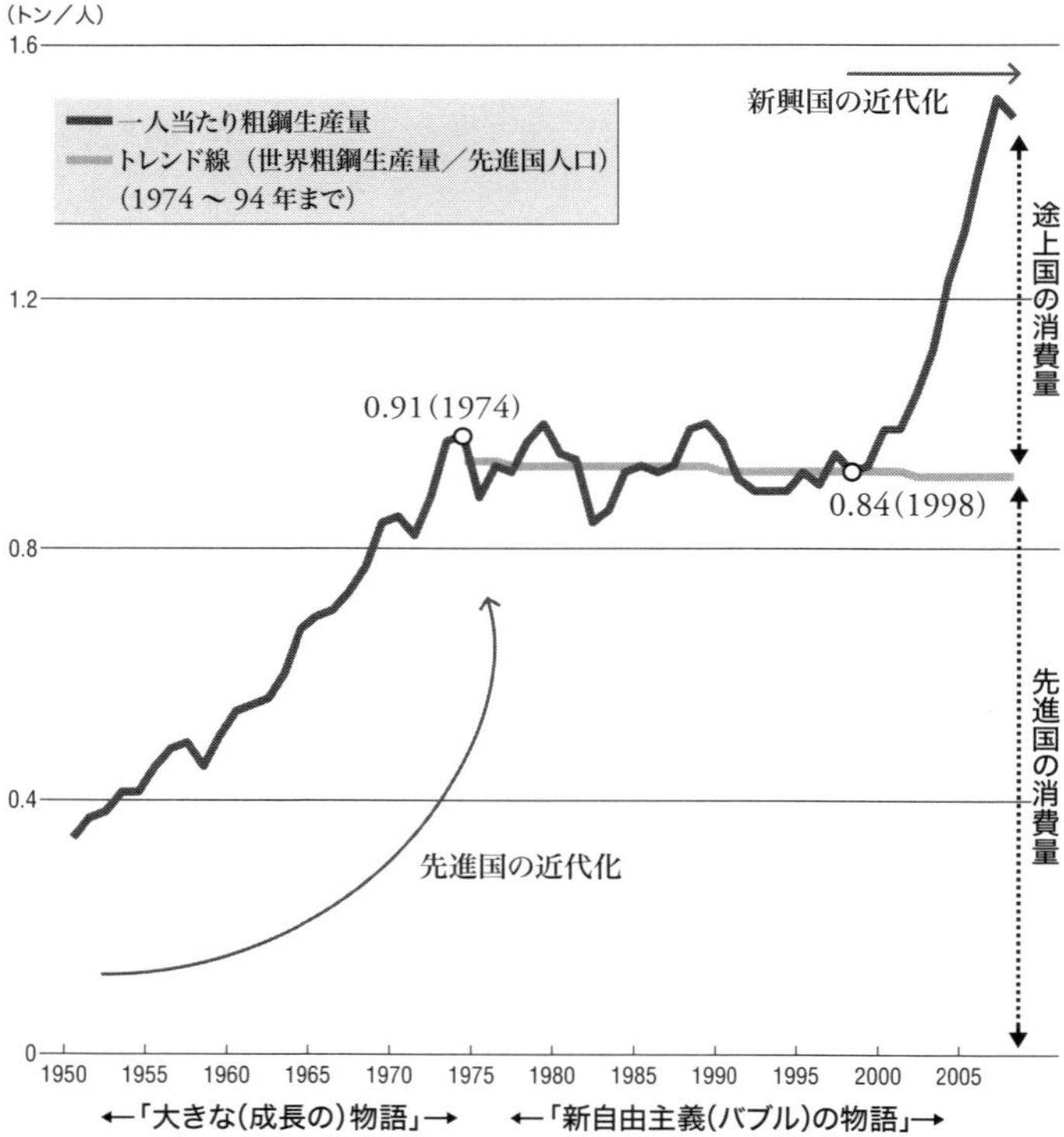

出所：IIS（国際鉄鋼協会）"Steel statistics"

増えることはないと判断されるからである。日本の一人当たり粗鋼使用量（生産量に輸入を加え、輸出を控除）が一九七三年をピークにその後現在に至るまでその水準を超えられないことから、先進国もおおむね同じと考えても間違いないであろう。

動をもたらす都市化の過程で、マンションブームが起きます。自給自足社会を基本とする農村社会では移動が限られますが、都市生活者の移動範囲は飛躍的に広がり、自動車が普及します。一人当たり粗鋼使用量が一九七四年にピークをつけたあと、三〇年以上にわたって、低下傾向にあるということは、物的な需要が飽和に達していることに他なりません。近代社会と表裏一体をなす資本主義[5]の行動原理は「より速く、遠くへ」です。利潤を極大化するには、他の人よりもいかに速く、遠くへ行くかにかかっているのです。ですから、資本主義の対外拡張には、「火器搭載船」[6]の開発によって可能となった一五世紀の大航海時代、英国の産業革命の技術によって開化した一九世紀の鉄道と運河の時代、そして二〇世紀の自動車、いずれも移動手段の発明が必ず絡んでいたのです。国内を移動するにも、国境を越える移動にも鉄は欠かせないのです。

都市化は中産階級を生み出し、自動車を筆頭に大量消費社会を実現させます。一九七四年が一人当たり粗鋼生産量のピークだったということは、先進国において物量で測った消費量が極限に達したこ

●5…「ウェーバー自身が述べているように、近代資本主義は近代組織の資本主義ともいえる。(中略)というか、そもそも最初の近代社会は、最初の近代組織、最初の近代的な会社法人(株式会社)として生まれたのである。この二つは同時に誕生した。そして、その経験が近代的な企業組織の成立、近代資本主義の離陸にも繋がったのである」(佐藤俊樹『近代・組織・資本主義——日本と西欧における近代の地平』ミネルヴァ書房、一九九三年、二二二～二二三頁)。

●6…「一四および一五世紀のあいだに大西洋ヨーロッパによって開発された火器搭載船は、(中略)それは、本質的にこぢんまりとしていて、比較的少人数の乗組員でも、

とを意味しているのです。実物投資の拡大が終わると、ＲＯＡ（総資産利益率）に代表される資本利潤率が低下します。それを打破するために先進国各国がとった手段は基本的に三つです。

ひとつは「多機能化」です。日本の電気機械産業が典型的であり、それは携帯電話にあらわれています。分母に品質調整する輸出物価指数（日銀「企業物価」）と、分子にそれをしない輸出価指数（財務省「貿易統計」）の比率は、一九七四年から上昇に転じ、二〇〇〇年以降一段とその傾向は強まっています。品質調整する輸出物価指数の下落が著しいからです（高機能は物価の下落となって現れる）。二番目は「大型化」、あるいは「高級化」です。日米の自動車産業が典型的であり、高級セダン、またはＳＵＶ★13に顕著です。また、薄型ＴＶもこれに該当します。とりわけ、「高級化」には、資産価格の上昇で家計の購買力を高める必要がありますので、三番目の手段として「金融化」が不可欠となるのです。「金融化」とは世界の金融資産の実物資産、すなわち名目ＧＤＰに対する優位としてあらわれます。

一九七四年以降、一九八〇年代において「多機能化」と「高級化」

人間・動物以外の途轍もなく大量のエネルギーを駆使して、移動や破壊を行うことが可能であった。ヨーロッパの突然かつ急速な秘密はすべてそこにあった」（カルロ・チポラ『大砲と帆船――ヨーロッパの世界制覇と技術革新』大谷隆昶訳、平凡社、一九九六年、一三七～一三八頁）。それに対して、一三世紀地中海ヨーロッパにおいて、イタリア人とカタロニア人が「移動や戦闘で基本的に頼みにしていたのは、人間の筋肉のエネルギーであった。（中略）敵に遭遇したさい、戦いが最終的に白兵戦によって決せられるとすれば、どうしたって数には勝てなかった」（前掲書、一三七頁）。

★13…ＳＵＶとは Sport Utility Vehicle の略で「スポーツ

は日本の電気機械と自動車産業がリードしてきました。この間、ドル安が進行しましたので、グローバル・インバランスは是正されるはずでした。ところが、一九九五年以降、国際資本移動の完全移動性が実現すると、米国主導の「金融化」がはじまったのです。この時期は米政府の「強いドルは国益」政策でドル高が進行したので、グローバル・インバランスが問題視されることはなかったのです。二〇〇七年に表面化したサブプライムローン問題は、「金融化」の持続不可能性を露呈させたのです。この時点でドル基軸通貨時代の終わりがはじまったことになります。それはグローバル・インバランスの是正をもたらすのです。そのプロセスはディレバレッジ（レバレッジの解消）となりますので、実物経済は長期不況に陥ることになります。今回の不況は単なる循環的な長期不況ではなくて、数世紀に一度の不況として位置づけることが必要だと思います。

二一世紀は基本的には「長い一六世紀」を繰り返しています。そうした構造のなかにあって、決定的に異なっているのは、一六世紀は帝国から主権国家への移行プロセスだったのですが、二一世紀は

用多目的車」のことを指す。

「国民国家の退場」（スーザン・ストレンジ）[★14]と「資本の帝国」の台頭であるように、逆向きの流れが生じているのです。そして、「長い一六世紀」が海の陸に対する勝利だったとすれば、二一世紀はその逆であるといえます。

ウォーラーステインにしたがって、資本主義の黄金時代が終わった一九六八年から二一世紀がはじまっているとして[★15]、一六世紀と比較すると図7のようになります。現在「ドル帝国」の危機は、一五五七年のスペイン帝国のフェリペ二世の財政破綻宣言（バンカロータ）[★16]に匹敵します。このとき、「本当に躓いたのは世界システムであった。（中略）経済活動の全範囲をカヴァーするような政治機構としての帝国を復興することは不可能であった」（ウォーラーステイン『近代世界システムII』）。一五五七年にスペイン世界帝国が躓いたとき、同年に新興国のフランスも財政破綻宣言をして、躓いています。二〇〇七年からのサブプライムショックは、米「ドル帝国」のマネー集中管理システムが躓いたことの象徴です。一六世紀スペイン帝国の挫折がフランス王国が襲ったように、米国の不況の長期化は、新興国

★14…スーザン・ストレンジ（1923-1998）は、イギリスの国際政治経済学者。著書に『カジノ資本主義』『国家の退場』など。

★15…イマニュエル・ウォーラーステインは『ポスト・アメリカ』（丸山勝訳、藤原書店、一九九一年）で「一九六八年の革命は（中略）世界中の随所におけるデモ、秩序破壊、暴力行為という形をとり、三年以上の期間に及んだ。（中略）一九六八年は、世界経済が長期の低迷に入る最初の見逃せない兆候が現れた直後であった。その兆候とは、一九六七年のアメリカ・ドルの深刻な――以後脱出できないでいる――低迷のことである」と述べている。

★16…フェリペ二世は一五五

図7　16世紀と21世紀の類似性

		1450年～1650年（長期の16世紀）		1968年～（グローバリゼーションの21世紀）	
危機の予兆	内部システムの決定的亀裂	フィレンツェ公会議	1439年	世界革命	1968年
		イタリア・ルネサンス	1450年～	ポスト・モダニズム（「大きな物語」の終焉）	1979年
	システムの外からの攻撃	ビザンチン帝国の首都コンスタンチノープル陥落	1453年	石油危機	1973年
				「ジハード」宣言（ビンラディン）	1979年
反転攻勢	技術革新	活版印刷技術（グーテンベルグ）	1455年	MPU（インテル）誕生	1971年
	新時代の幕開け（市場の開拓）	グレナダ陥落	1492年	ベルリンの壁崩壊	1989年
		アメリカ大陸発見	1492年	インターネット革命	1995年
	精神革命	宗教改革	1517年	ハイエク、新自由主義	1974年
	貨幣革命	ポトシ銀山発見	1545年	「強いドルは国益」	1995年
旧体制の危機	旧体制、大打撃被る	ローマ劫掠	1527年	世界同時多発テロ（9.11）	2001年
	旧体制の敗北と挫折	アウグスブルグの宗教和議	1555年	洞爺湖サミット	2008年
		カール五世退位	1556年	米ブッシュ大統領退任	2009年
	旧体制を揺るがす経済危機	フェリッペ二世、財政破綻宣言	1557年～	ドル危機（サブプライムローン問題）	2008年～

六年にスペイン王に即位したが、同時に父のカルロス一世（カール五世）から膨大な借金を受け継ぎ、一五五七年にバンカロータといわれる国庫支払い停止宣言をおこなった。また、フェリペ二世はオランダやイギリスとのたたかいで度重なる軍事費の支出が賄えなくなり、一五五六年にもバンカロータをおこなうなど、在位中に合計四度の財政破綻宣言をおこなうことになった。

にも大きな打撃を与えることが予想されます。

しかし、「長い一六世紀」の歴史の大転換期において途中で挫折があっても、一度グローバル化の流れが始まり、市場統合のプロセスが始まると、新興国の生活水準が先進国に追いつくまでは止まりませんでした。その間、世界は旧秩序を維持できなくなって、新秩序が確立するのは新旧勢力のパワーが拮抗したときでした。ウェストファリア条約が締結された一六四八年は、ちょうど、旧勢力のイタリア、スペインの一人当たりGDPと新興国イギリスのそれとが逆転しはじめたときなのです。「長い二一世紀」においても同じことがいえると思います。旧秩序の代表がドル基軸通貨体制であり、米「ドル帝国」を中心に成り立っていたグローバル・バランスは大きく崩れようとしているのです。

不可逆的なグローバル化と二極化構造
——日本「輸出株式会社」の危機と知識の組み替え

二極化とグローバル化

日本において二極化は一九九〇年代半ばから始まりました。財務省「法人企業統計季報」によれば、大企業・製造業の一人当たり給与額と中小企業・非製造業のそれとを比較すると、一九九四年以降、両者の格差は一段と拡がっています。一九九四年一〜三月期において、大企業・製造業の一人当たり給与額(年率換算)が五七九万円であったのに対して、中小企業・非製造業は三五八万円でした。両者の比率は一・六二倍だったのですが、二〇〇八年四〜六月期になると、各々六九二万円、三一五万円と格差が拡がり、二・二倍となったのです。

従来の二極化と、グローバル時代のそれとではまったく異なります。従来の二極化は大企業と中小企業の賃金上昇率の差を指していたのですが、どちらも生活水準が上がる点においては同じでした。ところが、一九九四年以降になると、大企業の賃金は上昇し、中小企業は下落するという上下の方向に開く格差へと変わったのです。従来はスピードの差はあれ、同じ方向に向かっているという一体感が国民の間で共有できたのですが、グローバル化はその一体感を奪ってしまったのです。生活水準は実質賃金で測りますので、一人当たり年間給与額を消費者物価増減率で割って、実質賃金を比較すると、中小企業・非製造業は一九九五年一〇～一二月期をピークに二〇〇八年四～六月期時点で一三・八％下落(年率一・二％減)しているのに対して、大企業・製造業は同期間に一三・五％上昇(同一・〇％増)しているのです。

所得格差の背後にあるのは、企業の成長率格差です。大企業・製造業、とりわけ自動車、電気機械、鉄鋼などに属する日本を代表するグローバル大企業の実質成長率（一人当たり換算）はグローバル化が加速した一九九五年以降、年率七・三％で成長しているのですが、中小企業・非製造業のそれは逆に年率一・四％で減少し、一九九〇年七〜九月期のピーク水準から二九％も低下しているのです【次頁図1】。とりわけ、一九六〇年代に匹敵するような世界同時好況が実現した二〇〇二年以降、グローバル大企業は年九・六％と、日本の一九六〇年代の高度成長期に匹敵する高い伸びを実現しました。ところが、二〇〇二年以降、「いざなぎ景気」★1（一九六五年一一月〜一九七〇年七月）を超える長期景気拡大下でも中小企業・非製造業はマイナス成長から脱却できなかったのです。しかも、二〇〇二年以降の成長率は年率一・九％減と落ち込み幅を加速させていたのです。

おおむね実質GDPは実質企業利益と実質雇用者所得の合計からなりますので、一人当たり実質GDPが長期にわたってマイナス成長を続けると、実質賃金と実質企業利益の両方が同時に増加することはできないのです。しかも、もともと利益率が低い中小企業・非製造業の利益が長期にわたって低下していくと、企業存続の危機に

★1…いざなぎ景気は、東京オリンピックの翌年の一九六五年一一月から一九七〇年七月までの五七ヶ月間続いた好景気のこと。一九五四年一二月から一九五七年六月までの神武景気以来の大景気であるとして、日本神話の伊邪那岐命の名をとって「いざなぎ景気」と呼ばれる。

図１　生産性の二極化

グローバル企業とドメスティック企業の一人当り実質 GDP（付加価値）

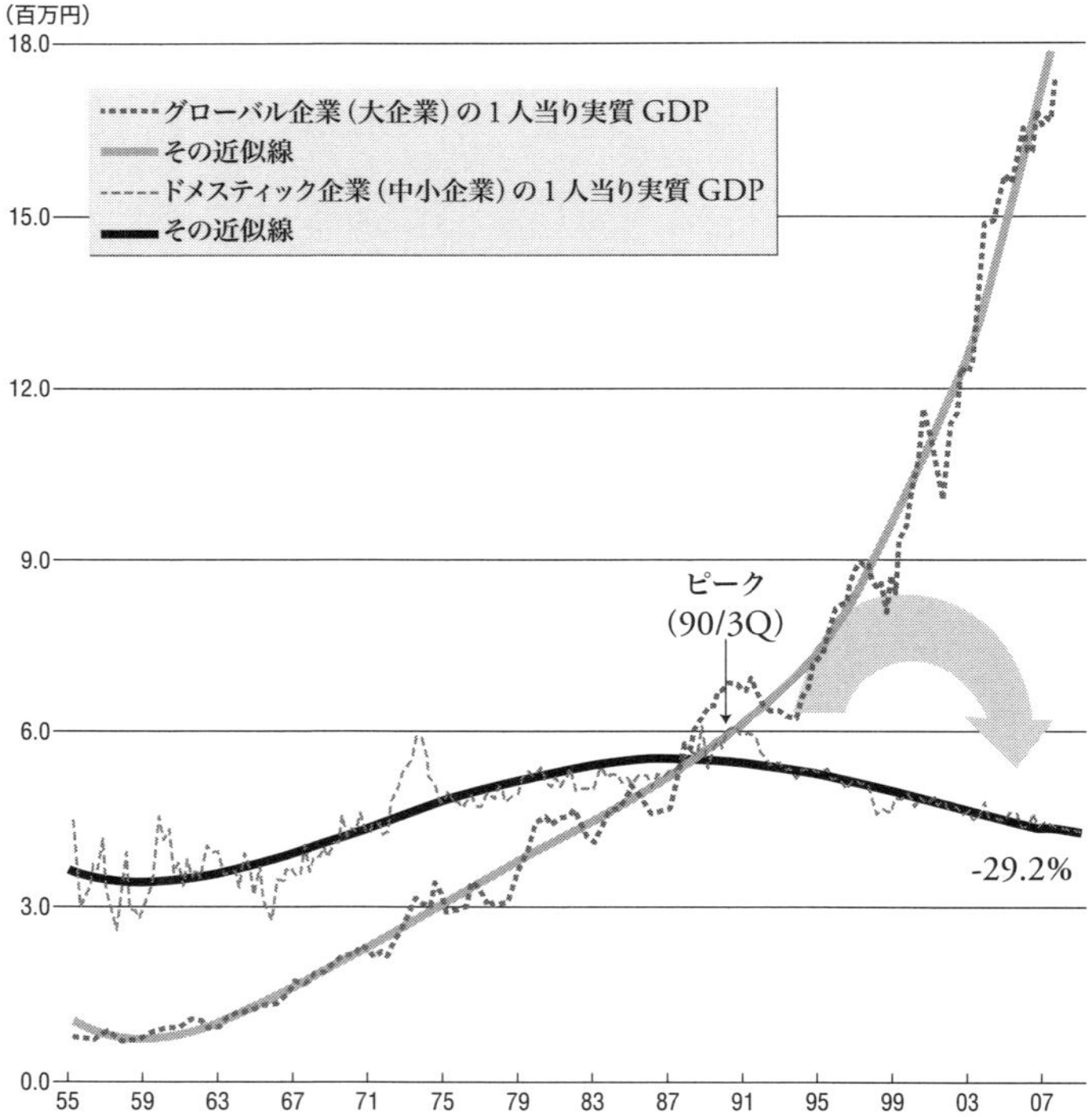

注１：実質 GDP＝名目付加価値（人件費＋営業利益）／産業別デフレータ
注２：グローバル化経済圏企業＝IT 産業、鉄鋼、輸送用機械の大企業
注３：IT 産業＝非鉄、電気機械、精密機械、一般機械、情報通信
注４：ドメスティック経済圏企業＝中小企業・非製造業（ただし、電力と情報通信を除く）
出所：財務省「法人企業統計季報」

陥ってしまいます。もともと自己資本比率が低い中小企業は赤字決算になると、資本を取り崩さなければならないからです。

大企業・製造業と中小企業・非製造業の格差が一九九五年以降、拡がっている背景には、グローバル化の進展があります。大企業・製造業は海外市場と結びついて成長することができます。それに対して、中小企業・非製造業は基本的には売上先が主として国内に限定されているので、海外の高成長に連動して利益を増やしていくことができないのです。金融のグローバル化が一九九五年以降加速し、二〇〇一年末の中国WTO加盟を契機に実体経済のグローバル化が進んだ結果、世界経済の成長率が高まりました。とりわけ、二〇〇一年に四・三％だった新興国の実質成長率は、それ以降、七％台の高成長軌道に乗ったのです。

二極化現象は日本の固有の問題ではなく、先進国共通の問題です。グローバル化は、国内に限定されていた労働市場を世界市場に拡げ、国境を越えた企業間競争を激化させるからです。ですから、大企業・製造業の生産性（＝一人当たり実質ＧＤＰ成長率）が二桁に近い伸び率で上昇しても、実質賃金上昇率はわずか一%しか増加せず、生産性上昇分が雇用者に還元されないことになります。大企業・製造業の労働分配率の急激な低下にその事実があらわれています。米国の製造業においては日本以上に深刻です。二〇〇二年以降の米景気回復下で二〇〇三年一一月をピークに実質賃金は六%減少したのです(年率〇・四%減)。米小売業にいたっては、二〇〇二年一二月をピークに九・八%減少(年率〇・六%減)しました。世界のお金を自国に集中させて金融帝国を築き上げた米国でさえも、実質賃金は下落しているのです。

日本のみならず、先進国の大企業の生産性は大幅に上昇していますが、賃金がその上昇に見合って伸びません(=労働分配率の低下)。それに対して、中小企業・非製造業の生産性は下落しているので、賃金は下落せざるを得ません。その結果、中小企業・非製造業の労働分配率は高止まりしたままです。どちらも、根源的な原因はグローバル化です。大企業は海外企業と競争が激化するなかで、株主資本利益率(ROE)を恒常的に引き上げていかざるを得ません。一方、グローバル化に対応が難しく、海外に販路をもたない中小企業・非製造業は売り上げが伸びないので、利益が増えないのです。

二極化問題を考えるときに重要なことは、グローバル化を与件として捉えるか、政策で操作できると考えるかです。もし、後者であれば、グローバル化の流れを緩やかにするか、あるいは極端にいえば、止めるなどして、二極化を是正することができます。もちろん、二極化すること自体に問題はないと考えれば、現在のグローバル化を今後も促進していけばいいのですが、二極化の行き着く先は大多数の人の生活を困窮化させ、社会不安が高まり、混沌とした世界となってしまうのですから、民主主義社会においてはこの選択肢はあり得ないと思います。

グローバル化を推し進める原動力は、新興国の人々が豊かになりたいという欲求であり、先進国の成熟化による極端なまでの低利潤率の長期化(利子率革命)です。だとすれば、グローバル化は新興国の近代化がある程度達成されるまでは与件として考えるべきでしょう。しかし、単に受動的にグローバリゼーションを受け入れると、ますます金融経済が肥大化し、中間層が危機に陥るだけです。グローバリゼーションは新興国の近代化を加速するのですから、すでに近代化を終えて成熟化している先進国はポスト近代社会の姿を構築していく準備をすることが必要です。

資本の低利潤率が長期化すると、これまでのシステムが維持できなくなります。実物投資のリターンが上がらなくなれば、資産価格の上昇（キャピタル・ゲイン）で、資本利潤率を上げざるを得ず、サブプライムローンはその手段として利用されたのです。

サブプライムローンは信用力の低い人に対して、最初の二〜三年間を超低金利で返済するような商品設計で住宅を購入しやすくしたのですが、金利の条件改定後には多くの人が返済不能に陥ります。サブプライムローンを組んだ時点で、既存のローンを含め所得の半分以上を元利払いに充てていたからです。米議会が「略奪的貸付」であるとして、サブプライムローンを非難したように、設計段階から無理があるローンだったのです。

自国民から「略奪」して、すなわち家を購入して中産階級になるという夢を奪ってまで利潤率を上げようとした段階で、資本は国家・国民に対する離縁状を突きつけたことになります。所得の二極化は最終的には、近代国家の基盤をなす中産階級を没落させ、近代社会を崩壊の危機に陥れることになるのです。グローバル化を受動的に受け入れれば、所得の二極化を加速させ、資産の格差を拡げることになります。現在、すでに日本では貯蓄非保有世帯が二二%（二〇〇八年）に達していますが、このままでは一段と上昇して一〇年後には三割を超えてしまうことになりかねません【次頁図2】。

もはや、景気回復は中産階級にはその恩恵をもたらさないし、場合によっては中産階級に属すると信じて疑わなかった多くの人々もそうではないと不安を感じるようになります。一九九五年以降の景気回復は人々の不安を解消するものでもなくなってしまったのです（内閣府「国民生活に関する世論調査」）。景気回復のスタートだった二〇〇二年に八七・一万世帯だった生活保護世帯は二〇〇七年に一一〇・五万世帯に増加してしまいました。しかも、保護開始の主な理由として預貯金の減少・喪失が増えているのです。今後も貯蓄非保有世

図２　所得と資産の二極化

所得格差と資産格差

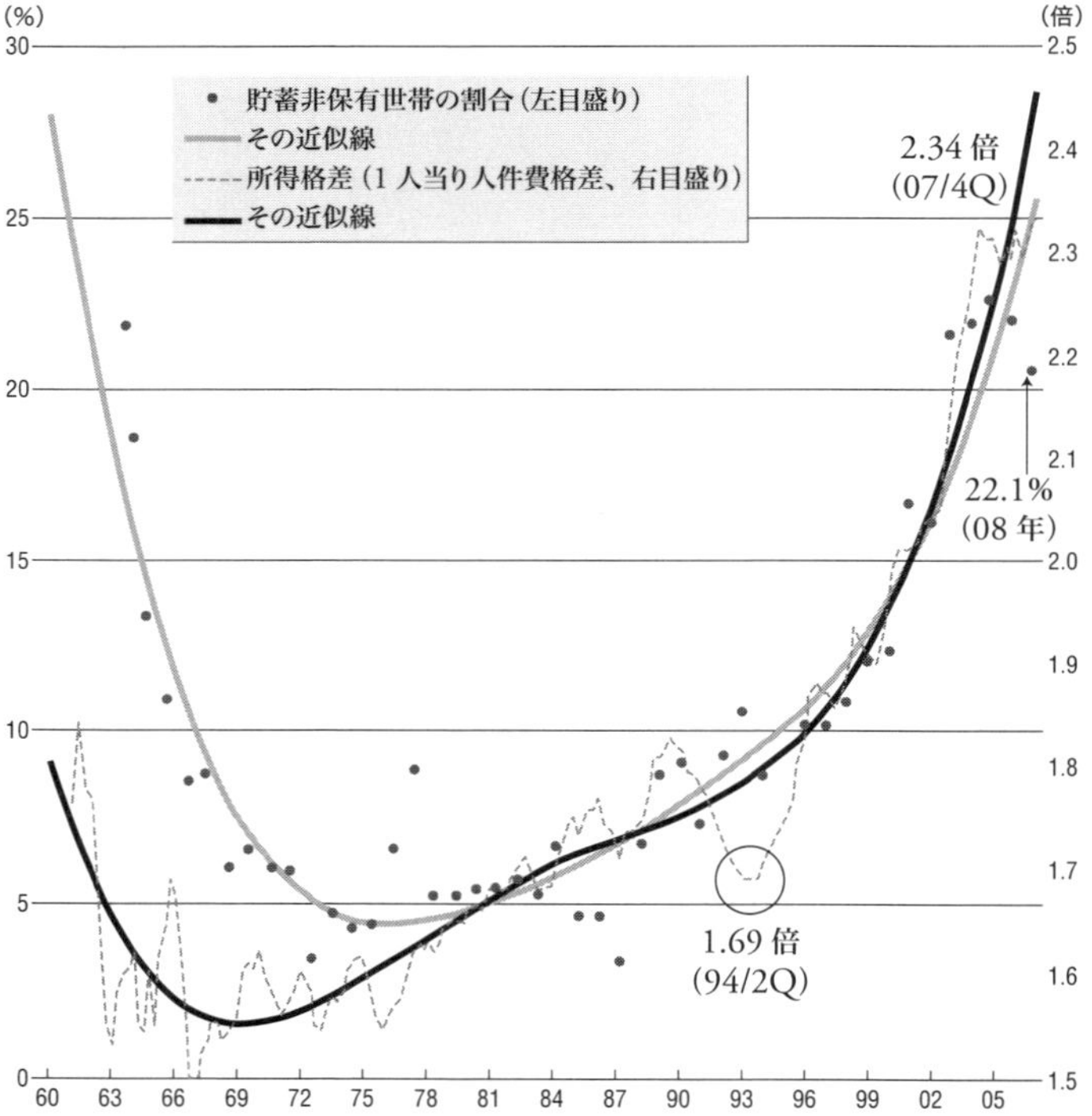

注１：所得格差＝IT 産業、鉄鋼、輸送機械産業の一人当り人件費（大企業）／非製造業の一人当り人件費（中小企業）

注２：非製造業からは、情報・通信を除く（情報・通信は分子の IT 産業に含まれる）

注３：グラフは四半期移動平均

出所：財務省「法人企業統計季報」、金融広報中央委員会「家計の金融資産に関する世論調査」

帯が増加するでしょうから、景気の良し悪しと関係なく増加する可能性が高いのです。不況に入ると条件反射のように景気対策を政府に求めるこれまでの姿勢を改めなければならないのです。

日本はもはや「大きな政府か小さな政府か」という時代遅れな議論をしている場合ではありません。成すべきことは賞味期限切れの近代システムに代わるシステムをどう構築するかです。「小さな政府」を支持する立場は新自由主義が現在の「利子率革命」を克服できる、という前提があって成り立つものですが、サブプライムローン問題に端を発した世界的な金融システムの危機は、逆に新自由主義の限界を露呈させたのです。一方、「大きな政府」にしても、いざなぎ景気を超える戦後最長の景気回復を経ても毎年の財政赤字が三〇兆円近く存在するということは、現在の日本の歳出・歳入構造が、この歴史的な断絶に対応していない証拠なのです。

歳出構造を変えないまま、消費税を引き上げるなどして増収策をとれば、財政は一時的に均衡したとしても長続きしないと思われます。現在の歳出構造を変えなければ、一九九〇年以降の中小企業・

非製造業の下降トレンドが続き、消費の低迷が続くからです。税収が増えず消費税の再引き上げを迫られ、国境を容易に越えられる資本は日本から逃げてしまいます。一方、歳出をカットして「民間にできることは民間に」という政策をとって小さな政府を実現したところで、国内にしか販売先を持たない中小企業・製造業は、マイナスサム・ゲームのなかで全体を浮上させることはできないのです。

グローバル化はいまどの段階にあるか

将来の日本経済、そして世界経済の行方を見通すには、グローバル化のトレンドがあと何年くらい続くかを考えることが重要です。今後、数年程度でグローバル化の潮流が一段落するとすれば、その間、所得の再配分政策などで格差をある程度平準化することが可能です。しかし、グローバル化は少なくともあと二〇年ないし三〇年は続く可能性が高いので、その間、所得再分配政策を続けると、財政の持続性問題が生じます。財政が破綻すれば、国民生活が大混乱することになります。

グローバル化のトレンドを考える上で、サブプライムローン問題は重要な役割を果たしました。一五五七年にスペイン世界帝国の財政破綻宣言が「世界システムを躓かせた」（I・ウォーラーステイン『近代世界システムII』）ように、二〇〇七年以降世界の金融システムを危機に陥れたサブプライムローン問題が、資本と国家と国民の間の三者の利害が一致していた近代資本主義を躓かせたという点で重要な役割を果たしたのです。一五五七年にスペイン世界帝国が財政破綻を宣言したのは、ちょうど中世から近世・近代へ時代の歯車がまわるときに起きた「長い一六世紀」の中間地点でした。

「長い一六世紀」が終わったのが一六五〇年であって、そのとき、先進国であったイタリアの生活水準に新興国・英国の生活水準が追いついたのです。この時点でようやく、一六世紀のグローバル化が収束しました。二一世紀のグローバル化の収束時期は、中国の生活水準が日本に追いつくときを試算すると、早くて二〇年後です。市場統合をもたらすグローバル化は、はじまって中間地点までは旧体制のリーダー国が主導する（一六世紀はスペイン、二一世紀は米国）のですが、後半をリードするのは新興国です。豊かになりたいという新興国の欲求がある程度実現してようやくグローバル化の潮流は止まるのです。

そこで、サブプライムローン問題を挟んで三つの段階に分けることができます。第一段階はサブプライムローン問題が起きるまで、第二段階はサブプライムローン問題に象徴される金融危機とそれの影響を受けて実体経済が不況化する間、そして第三段階になって、ようやく金融危機が収まって、新興国が主導するかたちで世界経済が回復してくるのです。現在、第二段階に入ったばかりです。

第一段階のはじまりは一九七四年前後です。この年にハイエクがノーベル経済学賞をとって、新自由主義が先進国の正統派経済学となりました。また、この年はちょうど先進国の長期金利がインフレ・プレミアム★2で急騰して、実質利潤率がマイナスになった年でもあります。一九七四年、あるいは、市場経済化のスタートとなった一九七三年の変動相場制移行の年をはじまりとすることができま

★2…インフレ・プレミアムとは、資本の貸付額の実質価値がインフレで目減りしてしまう恐れを見込んだ金利の上乗せ分のことを指す。

す。この第一段階の終わりはいうまでもなくリーマンショックの直前の二〇〇七年です。

水面下に隠れている原因にまで遡って、第一段階のはじまりを近代社会の限界が明らかになったときと考えれば、リオタールが「大きな物語」は終わったと宣言した一九七九年となります。『ポスト・モダンの条件』を上梓した年です。「ポスト・モダン」の思想は一九六八年の世界革命にその源流が見られますから、第一段階のはじまりは一九六八年とすることもできます。この前後に、大きな政府・福祉国家に代わってその後の潮流となる新自由主義や新保守主義の始点があったといえます。

第一段階の全盛期は一九九五年からはじまる米国の「強いドルは国益」政策によってもたらされました。この時期に、国際資本の完全移動性が実現したことで、米国は「世界の投資銀行」と化したのです。「強いドルは国益」政策を遂行したロバート・ルービンの後任であるサマーズ財務長官★3（当時）が、二〇〇〇年八月に「将来は経常赤字＝借金経済と考える必要がなくなるかも」と述べたことに象

★3…ローレンス・サマーズ（1954-）はアメリカの経済学者、政治家。クリントン政権下の一九九九〜二〇〇一年までアメリカの財務長官を務めた。二〇〇九年には、オバマ政権の国家経済会議委員長に就任したが、二〇一〇年末に辞任した。

徴されるように、この時点で、経常赤字は資本収支の従属変数となって、もはや経常収支の赤字は米国の成長の足かせとはならなくなったのです。

米国経済をひとつのモデルで理解しようとすれば、それは米国＝「世界の投資銀行」です。すなわち、「世界の投資銀行」化によって経常赤字を資本収支で埋め合わせる以上に資本の流入を促すことに主眼があったのです。外国から資本が経常赤字を上回って流入しているかぎり、何ら米国経済にとって制約となるものではない仕組みを米国は「強いドル政策」で築き上げたのです。

第二段階は二〇〇七年八月九日のパリバ・ショックで、サブプライムローン問題の深刻さが明らかになったときにはじまります。このときから、米国にとって必要な外国資本が流入しなくなったのです。金融システム危機が進行し、実体経済への影響がこれから顕在化してくるため、第二段階の終わりは現時点では確定できませんが、実体経済が不況から脱するときとすれば、世界経済の調整期間はあと五～一〇年はかかると予想されます。

第三段階は、サブプライムローン問題克服後の世界であって、経済のパワーが先進国から新興国へ移っていくプロセスです。すでに、今回の世界の金融システム危機をめぐって二〇〇八年一一月一四〜一五日、ワシントンで開催された緊急金融サミットに参加した国がG8（主要八ヶ国）に中国、インドなど新興国を加えた二〇ヶ国・地域（G20）であるように、もはやG8だけでは世界を仕切れなくなっているのです。この傾向は第三段階が進行するにつれてますます強くなっていくでしょう。

第一段階は金融経済の肥大化が特徴であり、金融経済が実物経済に対して優位を確立していく時代でした。第二段階はその行き過ぎ是正プロセスです。そして、第三段階になると、金融と実体のインバランスな関係が、実体が膨らむことで再び均衡を取り戻すプロセスとして捉えることができます。

第一段階が四〇年、第二段階が五年から一〇年、そして第三段階が二〇年から三〇年とすると、グローバリゼーションの世紀は八〇年となり、現在、ようやく中間地点に達したことになります。まだ数十年は好むと好まざるとにかかわらず、グローバリゼーションと付き合わざるを得ないのです。第一段階は第三段階の準備段階として位置づけることができます。第一段階の最大の狙いは新興国の近代化を促すためのお金をいかに短期間で大量に作るかということでした。第二段階は、第三段階への移行を告げる号砲であり、第一段階をクールダウンさせる役割を担っています。第三段階は、第一段階で増やした一〇〇兆ドル超の金融資産が新興国の近代化のための実物投資と、脱化石エネルギー投資に向かう可能性が高いのです。

グローバル化の時代における日本の課題

米国が「世界の投資銀行」であれば、日本は「輸出株式会社」です。米国は「世界の投資銀行」として外国人投資家から月間九〇〇億ドルのお金を集め、米国民が高い生活水準を維持するために月間六〇〇億ドル（＝月間の経常赤字に相当）消費し、残った三〇〇億ドルを海外投資にまわしています。「受取利息・配当＞支払利息」であることが米「世界の投資銀行」の存続条件です。すなわち、対外的な利ザヤがプラスであるということです。一方、日本は「輸出株式会社」として外国から資源・食料を安く仕入れて、ハイテク製品を高く売ることが、日本国民の高い生活水準を維持できる条件です。日本「輸出株式会社」にとっての最大の課題は、悪化が続いている交易条件（＝「輸出物価／輸入物価」）を改善させることなのです。

しかも、米「世界の投資銀行」と日本「輸出株式会社」は連結親会社・子会社の関係にあります【次頁図3】。日本が対米輸出比率を減らして、アジアやヨーロッパ向け輸出比率を増やしても、最終的な需要者は米消費者なのです。日本のアジア向け輸出は部品が中心で、アジアで組み立てられて、最終製品が米国やヨーロッパに向かうのです。ヨーロッパは米国の消費と連動しています。ヨーロッパも住宅ブームがあってはじめて消費ブームが起きたのです。金融市場がグローバル化しているので、住宅ブームは世界的に連動するのです。米住宅ブームが崩壊すれば、ヨーロッパでも崩壊します。

米消費比率（対ＧＤＰ比）が上昇するときは、いつも米住宅ブーム

図3　米「投資銀行」と日本「輸出株式会社」

米国の個人出費支出・GDP比率と日本の輸出

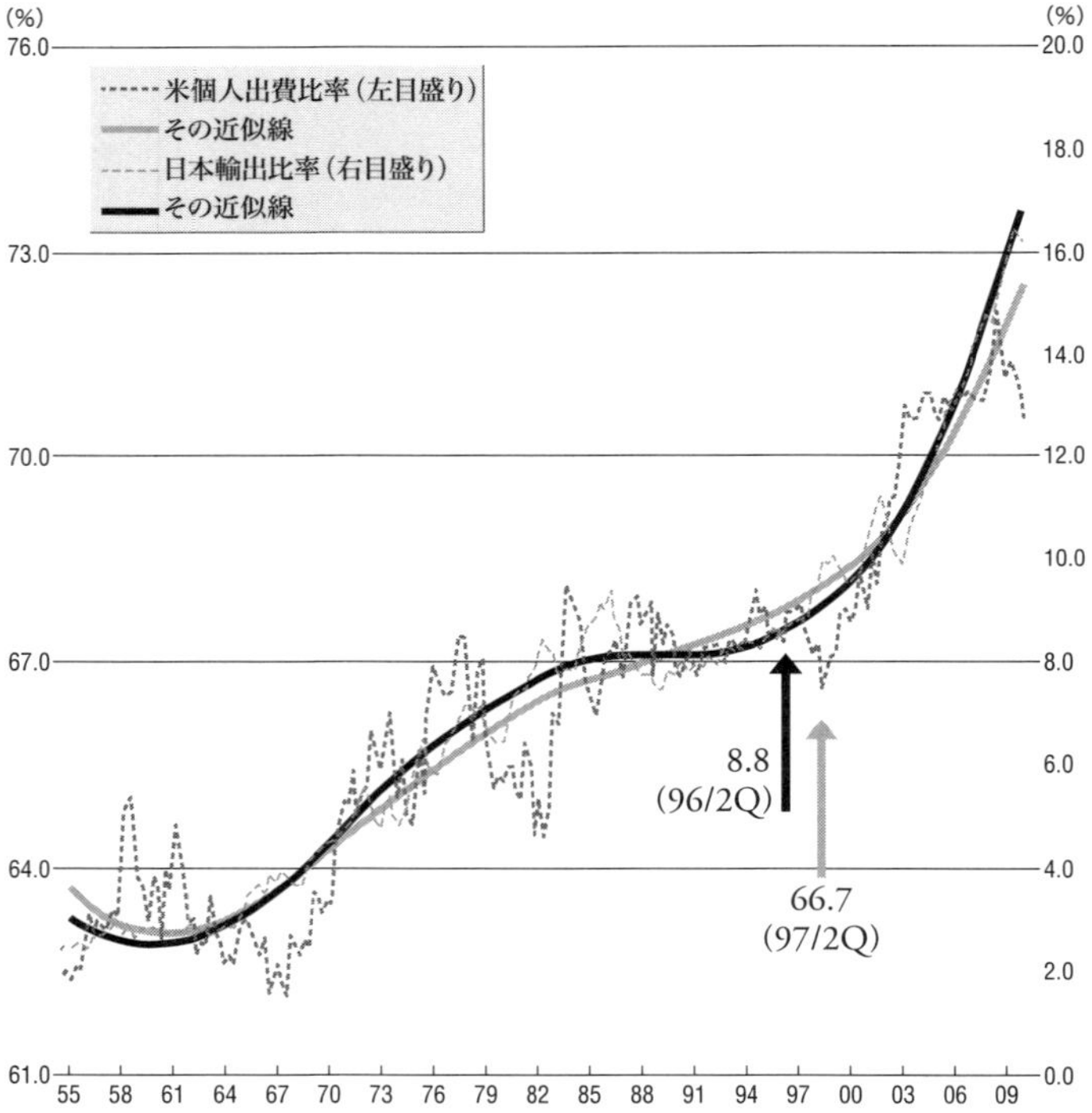

出所：米商務省 "Gross Domestic Product"、内閣府「国民経済計算年報」

が起きています。一九九六年以降、過去に見られないほどの住宅ブームが起きたのは、米国が「世界の投資銀行」と化したからです。その結果、戦後でもっとも輸出に牽引された日本の景気回復が起きました。住宅バブル崩壊は米家計に過剰債務の調整を迫り、米消費比率は下落していかざるを得ないのです。そうなれば、日本もこのままでは輸出比率が低下するのは確実です。米国が不況に入れば世界が不況に陥るので、日本の輸出が減少します。「一〇〇年に一度あるかないかの金融危機」は、実は日本「輸出株式会社」にとっても一〇〇年に一度の危機なのです。

先に述べたように、将来、第三段階に入って新興国の近代化が本格化するでしょうから、日本は先進国向け中心の輸出から、新興国向けの輸出に切り替えなければなりません。そのときは、高級品から値段の安い製品を輸出することが必要です。一方、先進国は不況から立ち直ったとしても、これまでのように住宅ブームに裏打ちされた消費ブームの再来を望むべくもないのです。

一九九〇年代半ば以降、グローバル化が一六世紀以来の「価格革命」を引き起こしています。先進国と新興国の市場が一体化する過程で、供給に制約のある資源・食糧価格は「長い一六世紀」がそうであったように、高騰するのです。先進国の近代化は終焉しているのですから、「近代」にもっとも適合した経済構造を築いた日本がもっともその構造を変える必要があるのです。日本が近代に成功した条件は次の三つです。①安い原油・食糧は海外から輸入し、②輸出はハイテク工業製品に特化し、そして③輸出産業支援のために「弱い円」政策をとることです。

二〇〇二年末以降、日本や韓国の交易条件（＝「輸出物価／輸入物価」）が大幅に悪化し、所得の海外流出を引き起こしてきました。原油・食糧価格の高騰が顕著になった二〇〇三年以降、日本は累計で六二兆円（二〇〇八年一二月時点の値）もの交易損失（交易条件を金額換算したもの）を被っています。特に、二〇〇八年四〜六月期には交易損失が二八兆円（年率換算）に達しました。二〇〇八年一一月、原油が一バレル＝六〇ドルを下回りましたが、それだけ景気が悪化していることの裏返しなのです。しかも、第三段階になると、新興国の回復に伴って、再び一バレル＝一〇〇ドルを超えてくることが予想されます。二〇〇七年度の原油価格が平均で一バレル＝八二ドルでしたので、さらなる交易損失が発生することになります。

そうすると中長期的には食糧自給率を上げ、かつ輸出価格を引き上げ、あるいは円建て輸出の割合を高める必要があります。ハイテク製品は海外との競争が激しいので、価格引き上げは困難でしょうから、他の産業が輸出利益を高めることが必要となります。そのためには、従来の垂直型の産業構造をまずは改めなければならないのです。

今後、利益の源はこれまでの近代化を成功させてきた垂直型の産業構造には存在しないと思われます。それに代わって砂時計型の産業構造のなかに利益があると予想されます。「最終組み立てとサービスを担うグループと部品製造と素材生産を担うグループに分かれ、それぞれに属する企業がグローバルに自由に組み合わさる」（経済産業省『知識組替えの衝撃――現代産業構造の変化の本質』産業構造審議会、新成長政策部会基本問題検討小委員会報告書、二〇〇八年七月）砂時計型の産業構造のなかに利益が隠れている。

同報告書によれば、「グローバルに稼ぐには、個々の技術の良さだけでは不十分。大企業と中小企業、業種、ものづくりとサービスといった従来の枠を超えて技術、ノウハウを組み替える大胆なイノベーション（＝知識組み替え）が必要」なのです。知識の組み替えのモデルは製造業のみならず、医療など非製造業にも当てはまります。

これからはピラミッド構造の底辺にあった下請け企業が自ら、増大する海外の需要と結びつく仕組みを作らなければなりません。二一世紀の「利子率革命」があと二〇年続くとすれば、国内に販売先を依存する企業は、利潤率が一段と下落し、存続の危機に直面する可能性が高いのです。そのためには中小企業が容易に海外に進出できるような仕組み作りが必要です。政府は「東アジア共同体」の創設を急がなければならないのです。従来、日本の輸出企業の連結利益は欧米のウェートが高かったのですが、これからはアジアの割合を高めていく必要があります。グローバリゼーションの第三段階において、中産階級が台頭するアジアが世界経済を牽引する可能性が高いからです。資源高で所得が海外流出する分を輸出価格を引き上げるか、エネルギーを国産化することをしないかぎり、生産（ＧＤＰ）以下にしか所得（ＧＤＩ）が増えないということを認識すべきです。

「東アジア共同体」の実現は日本の生産と所得の増加に貢献することになります。世界銀行の見通しによれば、二〇三〇年には新興国で中間層が一二億人に上ることになります。新たに誕生する中間層は「陸の国」の人々です。東アジア共同体を実現させるには、九州に首都を移転し、ハブ空港も九州に造るのが望ましいでしょう。さらに、古代の「陸の国」が「環地中海帝国」として繁栄したように「東アジア共同体」をオセアニアにまで拡大し、日本海、東シナ海、インド洋、そしてアラビア海を「陸」で取り囲むことです。すると資源のオーストラリア、技術の日本と韓国、そして中間層の中国、インドとすべてが揃うことになります。これらの国に香港、インドネシアを加えた七ヶ国だけで人口は二九・五億人、経済規模一三・二兆ドルと、アメリカ、ＥＵに匹敵する経済圏が出来上がるのです。

「東アジア共同体」について考える際にも、二〇〇一年の中国のWTOへの加盟は大きな転機でした。しかし、その後、日本はアジアの内需を自らの内需に組み入れるために、産業構造の転換を図ったわけでもなく、経済圏形成のための政治的な行動をとったわけでもありませんでした。むしろ、中国との関係は冷え込み、一方でバブルにあった欧米市場への輸出の依存を高めました。二一世紀に入った段階で中国やアジアへの志向を政治的に強めなかったのは、アメリカとの関係があったからかもしれませんが、その後、中国のプレゼンスは急速に高まり、日本がアジアで中心的な役割を果たす可能性はますます遠のいていきました。そのように考えるならば、小泉政権登場の二〇〇一年以降こそが、日本にとって本当に失われた一〇年だったといえるかもしれません。

デフレと資源高が並存する時代においては、直接内需を高める政策はなかなか困難です。仮にあるとすれば、需要面から見れば移民の受け入れであり、供給面から見れば技術革新による生産性の向上を挙げることができます。しかし、前者はその是非について国民の結論を出すのに時間がかかるでしょうし、技術革新についても、現在では存在しない財を生産し、サービスを提供するということになるので、現実化するまでに時間がかかり不確実性が伴います。

この技術革新においてもっとも重要になるのは、脱化石燃料社会のための自然エネルギー革命だと思います。しかし、エネルギーの国産化を図り、かつ脱化石燃料社会への移行や東アジア共同体の構築は長期の所得成長戦略との位置づけとなり、その効果が出るまでには時間がかかることになります。したがって、その間を補うための経済・福祉政策をどう組み立てていくかが喫緊の課題です。

「バブル崩壊の物語」の二五年間

「大きな物語」循環 vs.「バブルの物語」循環

一九七〇年代以降、構造要因が循環を規定する度合いが一段と強くなって、景気循環が大きく変容しました。第一次石油危機を契機に日本をはじめ多くの先進国が低成長経済へ移行し、断層的な変化が生じたのです。その後の低成長期を、大きく二つの時期に区分することができます。前半が一九七四年度から一九八八年度までで、景気の上昇期（期間A）に当たり、後半が一九八九年度から現在に至るまでで、景気の下降期（期間B）とみなすことができます【図1】。本稿（第Ⅱ章第3節）では基本的に一九八九年以降の下降期、いわば

図 1 日本の実質 GDP 成長率

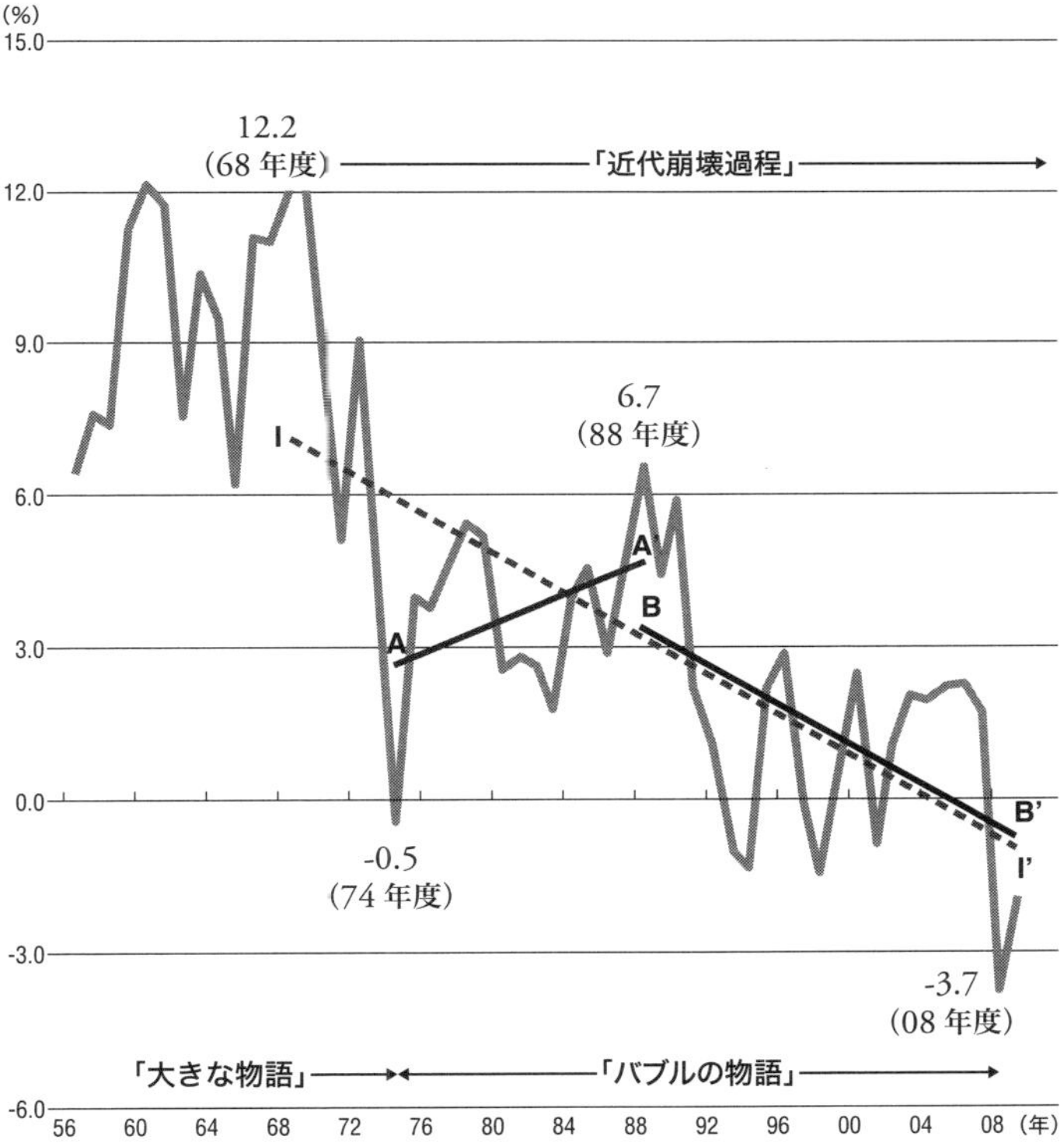

注 1：傾向線 AA' は、74 年度～ 88 年度まで、y＝0.14t＋2.5、y＝実質 GDP、成長率、t＝年
注 2：BB' は 88 年度から 09 年度まで、y＝−0.19t＋3.6
注 3：傾向線 I I' は 68 年度から 09 年度まで、y＝−0.19t＋7.3
出所：内閣府「国民経済計算年報」

「失われた二〇年」に相当する期間を分析の対象とします。ただし、下降期を分析するには、その前の上昇期も分析しないと、下降期の特徴や基本的性質を抽出できないので、その限りにおいて上昇期も分析の対象とすることにします。

戦後成長を前提とした景気循環メカニズムは、一九七四年以降その性格を大きく変えていきました。戦後一四回あった日本の景気循環は、一九五一年度から一九七三年度までをひとつの括りとし、一九七四年度から二〇〇八年度までをもうひとつの括りとすることで日本の景気循環の構造的な特徴を見出すことができるのです。一九七四年度までを「大きな物語」循環（成長循環）と名付ければ、それ以降は「バブルの物語」循環ということができます。前述の期間Aと期間Bを合わせた期間が「バブルの物語」循環となります。そして、このように分類することではじめて循環と構造を結びつけて景気変動を理解することが可能となるのです。

「大きな物語」循環は、工場や店舗、オフィス・ビルなど実物投資をすることによって、一〇年ないし二〇年の期間をかけて投下元本を回収しながら利潤率の極大化を図るプロセスです。その過程で在庫の積み上げと取り崩しが生じて景気回復・拡大と景気後退を繰り返すのが在庫循環です。一方、現在の時価と取得原価の差として認識される含み益[★1]と資産と資産の交換によって生ずる売却益の極大化を図り、バブルの生成・崩壊の過程、すなわち資産価格の値上がりと下落によって、景気変動が生ずるのが「バブルの物語」循環です。

一九五一年度から一九七三年度までの「大きな物語」循環（上昇期と下降期合わせて）において実質ＧＤＰ成長率は年平均で九・一％で伸びましたが、一九七四年度から二〇〇八年度までの「バブルの物語」循環になると、成長率は同二・三％へと大きく鈍化しました。巨額のキャピタルゲイン（含み益や資産売却益）に依存する「バブルの物語」は、雇用の増加につながるような付加価値は大して生まないのです。

一九七四年度以降の「バブルの物語」循環を上昇期（期間Ａ）と下降期（期間Ｂ）に分けると、実質ＧＤＰは、上昇期（一九七四〜八八年度）

★1…含み益とは株式や為替などを取得した価格（＝簿価）と時価と比較した際の差額によって生じる利益のことを指す。取得した価格が時価よりも低い場合に含み益が出る。

が年三・七％成長だったのですが、下降期（一九七九〜二〇〇八年まで）になると同一・三％と大きく鈍化しました。成長循環では、前回の山（谷）よりも今回の山（谷）が常に高く、かつ、上昇期の期間が下降期よりも長くなるという特徴があるのですが、「バブルの物語」循環においてはもはや、そうした特徴は失われているのです。

もうひとつの成長循環における特徴は、上昇期の成長率の上昇角度（実質ＧＤＰ額の二次微分値）は下降期の成長率の下降角度（同、絶対値）よりも大きいということです。一方、「バブルの物語」循環においては下降期の成長率の下降角度が上昇期のそれよりもきつくなります。この二点からいえることは、成長循環における上昇期の成長は不況期の落ち込みを補って余りあるということです。こうした点が認められるかぎりにおいて、マクロ経済政策において景気回復を最優先することが正当化され、課題となるのです。

日本の「バブルの物語」は土地神話と密接不可分です。地価は、一九七四年以降、対ＧＤＰ比や対消費者物価と比べて著しく上昇し続けました。バブル崩壊後、当初、日本の「失われた一〇年」といわれたのですが、いまだ二〇年たっても長期停滞から抜け出せません。成長循環の特徴が失われているのですから、景気回復期よりも不況期のほうが長くなるのが当然です。「バブル生成期」（「バブルの物語」循環の上昇期）が一五年だったのですが、それから一五年たった二〇〇三年になっても、「バブルの物語」循環としての下降期は終わらず、二〇一〇年になっても、成長率の下方トレンドの延長線上にあります（一五七頁図1の傾向線BB'）。もっとも短期循環としての景気回復・拡大期（二〇〇二〜〇七年）は、「いざなぎ景気」を上回る戦後最長となったのですが、その上方トレンドを打ち消すほどリーマンショックによる落ち込みが大きかったのです。

図1に見られるように、「バブル循環」の下降期（傾向線BB'）における成長率の下降角度と、一九六八〜二〇〇九年度に至る下降角度（傾向線I I'）とはまったく同じです。すなわち、「バブルの物語」循環は上昇期になると、それまで「大きな物語」循環が有していた成長メカニズムをあたかも取り戻したように見えるのですが、それは見せかけであって、バブルが崩壊すると、経済は元来有していた下

方トレンド（図1でいえば、傾向線ＩＩ'）上へ回帰してしまうのです。

「大きな物語」循環においては、中期循環★2である一〇年周期の設備投資循環の強弱がサブサイクルとしての在庫循環（四年周期）の力強さや在庫循環の長さを決めていました。ところが、「バブルの物語」循環になると、一〇年の設備投資循環にとって代わって主役となったのが資産バブルです。バブル循環の一周期は日本の場合に見られるように、四〇年近くと非常に長期化します。

成長経済が維持されている「大きな物語」循環の基本的な性格は設備投資循環で、その周期はおおむね一〇年です。ところが、資産価格の上昇に依存するバブル循環になると、人々の期待を反映してバブルを長期化させる政策がとられやすくなりますから、循環の周期が長期化することになります。

そして、グローバル化の時代には、この「バブルの物語」は国境を跨いで上位循環とサブサイクルから成ります。たとえば、米国の「バブルの物語」が上位循環であり、サブサイクルが日本やアジアのバブルなのです。米「バブルの物語」循環が上昇期にあれば、サ

★2…中期循環（中期波動）とはおよそ八〜一〇年を周期とする循環で、フランスの経済学者J・クレメンス・ジュグラーが発表したことからジュグラー循環（ジュグラーの波）とも呼ばれる。企業の設備投資の変動に起因する景気循環である。

ブサイクルとしての日本の「バブルの物語」循環が下降期——たとえば、一九九七年、一九九八年の金融不況——に入ったとしても、世界同時不況にはならないですし、落ち込み幅も大きくはありません。現に、このときの実質GDP下落率は年率一・二％で、一九九〇年代はじめの株式・土地バブルが崩壊したときの下落率一・五％よりマイルドでした。一方、ネットバブル以降、米「バブルの物語」循環が下降期に入り、リーマンショックでバブルが崩壊して米国が不況に陥ると、世界同時不況をもたらすことになります。このとき、日本の実質GDPの下落率は七・九％と大きく落ち込んだのでした。

バブルの生成と崩壊が数年ごとに繰り返して起きるようになったのは、近代成長メカニズムが崩壊、すなわち、右肩上がり経済を可能にさせていた構造が崩れているにもかかわらず、それでも「成長」を多くの人が望むからです。

米クリントン政権時に労働長官を務めたサマーズが指摘するように、バブル生成・崩壊は三年ごとに、具体的には一九九〇年の日本のバブル崩壊、一九九七～九八年の日本の金融システム危機とアジア、ロシア通貨危機、二〇〇一年のネットバブル崩壊、そして二〇〇八年の証券化商品バブルの崩壊、二〇一〇年のギリシャの財政バブル崩壊と繰り返されたのです。

一方、バブルが崩壊する下降期になると、企業、個人に過大な債務だけが残ります。その結果、企業、個人は過剰債務調整を優先せざるを得ないので、コスト削減を強めます。具体的には企業設備を抑制したり、人件費など固定費を削減します。個人は個人消費を控えるようになります。その結果、バブル崩壊型不況から脱するには、海外のバブル景気に助けられ輸出が増加するか、あるいは、公共投資に依存するしかなくなるのです。

しかし、海外のバブル景気もいずれ崩壊しますので、次に起きるであろうバブル崩壊で再びリストラを断行せざるを得ないのです。そのたびに、若年層の失業率が上がることになります。積極的な公共投資や減税を実施して景気回復を図ったとしても、景気回復期に思ったほど税収が伸びず（減税した分を引き上げることができないので）、国に巨額の借金が残ります。

日本の先行性

一九八〇年代の日本のバブル生成と、それに続く一九九〇年代の崩壊は、日本の特殊現象ではありません。一九七三年までは先進国は財・サービスの生産活動で十分成長することができたのですが、一九七四年に成長率が下方屈折すると、資産価格の上昇に依存して成長するようになりました。日米英など先進国がみな資産価格に依存したのは同じですから、バブル生成と崩壊やそれによって生ずるデフレ現象を日本の特殊性に帰すると、現在起きている世界規模の構造変化を見逃すことになります。日本をはじめとして先進国で起きている経済現象は一九七〇年代以降本質的には同じであって、異なるのは時間がずれているだけです。日本の一九八〇年代の土地・株式バブルから二〇一〇年のギリシャ問題まで、バブルを起こさないと先進国は成長できなくなったという点において共通しているのです。
一九七〇年代半ば以降、資本の利潤率が趨勢《すうせい》的に低下するようになったのですが、企業も政府も「成長がすべての怪我を癒やす」という近代的価値観に固執した行動をとり続けました。バブルが崩壊すると、「成長こそがバブルからの脱却の決め手だ」、あるいは「成長すれば、税収も増えて増税しなくても財政再建できる」と考え、成長戦略の名のもとに政策の総動員がおこなわれるのです。

しかし、そもそも近代が有する成長基盤が崩れつつある二一世紀の先進国にあっては「成長」は問題解決の決め手にならないのです。「成長」は近代の概念であって、二一世紀はポスト近代の時代なのです。その結果、政策を総動員しても経済は大して成長できなくなりました。それどころか、時代の歴史的転換期に対応できないように自らを追い込むことになります。一九九二年以降、景気対策が繰り返し実施され、総事業規模で累計一九三・五兆円[1]にも達したのです。同期間の名目GDPはほとんどゼロ成長だったのですが、国の長期債務は五八四・三兆円も増えました。[2]近代後の新しい時代に即

●1…一九九〇年以降、最初に実施された経済対策は一九九二年四月の宮沢内閣の「緊急経済対策」で、公共事業の前倒し執行を主とする内容だった。同年八月には総事業規模一〇・七兆円の「総合経済対策」が実施され、二〇〇八年一二月の「生活防衛のための緊急対策」（麻生内閣、財政上一〇兆円程度、金融面で三三兆円）に至るまで計二〇回実施された。総事業規模に合計すると、一九三・五兆円に達した（麻生内閣の三三兆円の金融面からの対策は含まず）。これらの数字は参議院予算委員会調査室の『平成二一年度　財政関係資料集』にもとづく。

●2…国と地方を合わせた長期債務残高は、二〇一〇年度（二〇一一年三月）は八六

した政策、たとえば少子化対策、教育改革を実施しようにも、政府にはお金がないのです。

バブル生成の十分条件は、貯蓄が豊富にあることであり、かつ時代が変わるというユーフォリア（陶酔）の二つです。そして、必要条件は既存の市場がこれ以上膨張できなくなることです。二つの十分条件のうち、前者については、八〇年代の日本の個人貯蓄率は年平均で一三・三％と高かったのです。後者については、「首都改造計画」●3に見られるように、日本が大きく変わるというユーフォリアが生まれました。

中曽根民活路線のもとで一九八六年に内需拡大を目指した前川リポート★3が公表され、従来の生産者中心であった日本の経済構造が変わるという期待が高まり、地価高騰をもたらしたのです。中曽根（第一次〜第三次）内閣（一九八二年一一月〜八七年一一月）は、日本で新自由主義を全面的に採用した最初の政権でした。

一方、個人貯蓄率が低く、財政と経常収支の双子の赤字に悩んだ一九八〇年代の米国では、日本のようにバブルが起きるどころか、

二・四兆円となる見込みである（当初予算ベース）。一九九〇年のバブル崩壊後、最初の景気対策は一九九二年度に実施されたので、その直前の長期債務残高は二七八・一兆円だった（一九九一年度末）ので、この間、五八四・三兆円増えたことになる。この間、二〇〇九年度の名目GDPは四七六・〇兆円であるから、一九九一年度の四七二・三兆円と比べて微増にとどまった。

●3…「首都改造計画」とは、「東京を『世界の中核都市の一つとしてわが国および国際経済社会の発展に資する圏域』として再開発しよう」（内田隆三『国土論』筑摩書房、二〇〇二年、三五六頁）とするもので、具体的には「東京湾臨海部の埋め立て

逆に資産価格が大きく下落しました。ドル価値が急落し、行き過ぎを阻止するために、一九八七年二月にルーブル合意[★4]でドル下落にようやく歯止めをかけたのですが、今度は株価が急落しました（同年一〇月にブラックマンデー[★5]）。当時レーガノミクスで米国再建ができるという期待はあったのですが、貯蓄不足だったので、バブル生成の十分条件のうちひとつが満たされてはいなかったのです。一九九〇年代半ばになってようやく、米国は国際資本の完全移動性を実現させ、インターネット革命が社会を変えるというユーフォリアを世界中に広めることに成功したのです。

日本のバブルが欧米より先行して生じたのは、バブル生成の十分条件が日本国内で欧米に先駆けて整っていたからですし、必要条件としての既存市場の膨張が止まったのも日本が最初だったのです。日本は少子化が先進国のなかでもっとも速いスピードで起きたから、成長がすべてを解決できない領域に、真っ先に入ったことになったのです。ですから、日本が最初にバブルに依存するようになったのです。

地・国公有地・工場跡地などの開発、交通至便地域の高層化などをふくむ大規模な」（前掲書、三五六頁）計画であった。

★3…前川リポートとは一九八六年にまとめられた「国際協調のための経済構造調整研究会」による報告書の通称。研究会の座長であった元日銀総裁・前川春雄の名前からそう呼ばれる。この研究会は、中曽根内閣が日米経済摩擦によるアメリカの対日強行圧力を打開するために設置したもので、内需拡大、市場開放、金融自由化を基本方針とした。

★4…ルーブル合意とは、一九八七年にパリで開催されたG7会議において、プラザ合意以降のドル安とマルク安に

米国が「金融帝国」化する条件が揃ったのが一九九五年で、その後米国はバブル化していきました。その途中の一九九八年に米国が一人当たりGDPで再び日本を追い抜いたのです。一方、日本は米「金融帝国」への依存度を強め、円安を選好し、その過程で一人当たりGDPの順位は下がっていきました。二〇〇八年には三万八三七一ドルとなり、世界で一九位まで低下し、G7のなかでは二〇〇七年に続いて下位となりました。

「波乱の時代」vs.「錯覚の時代」●4

一九八〇年代前半に日本は自動車生産と半導体生産で世界一となり、一九八七年に一人当たり実質GDPで米国を追い抜いて事実上世界一になりました。人よりも速く情報を入手し、かつ高速に移動することが、近代社会で利潤を強大化する鉄則です。日本の一人当たりGDPが事実上世界一になった一九八七年当時はすでに「バブルの循環」がピークを迎えつつあったのです。その後一九九〇年にバブルが弾けて、一九九〇年代後半になると日本は世界一の座を滑

歯止めをかけるために「為替相場の現行水準の安定」で日米欧が政策協調することを合意したもの。しかし、その後日米欧の足並みは乱れ、ドル安に歯止めをかけることはできなかった。

★5…ブラックマンデーとは、一九八七年一〇月一九日月曜日にニューヨーク株式市場に起こった株価の大暴落のこと。一九二九年一〇月二四日木曜日の株価大暴落（暗黒の木曜日）を超える過去最大規模の暴落であった。

●4…デイビッド・ウェッセル『バーナンキは正しかったか？』（藤井清美訳、朝日新聞出版、二〇一〇年）によれば、「グリーンスパンの回顧録には、バーナンキはワシントンにきたときに廃棄した原

り落ちることになります。ただし、リーマンショック後になると、一〇年前の日本がそうであったように、ユーロ安・円高が進行してヨーロッパ諸国の一人当たりGDP（ドルベース）は低下し、ついに日本の水準を下回るようになったのです。

日米欧は同じ近代化のレールの上を同じ競争原理、すなわち利潤極大化原理で走り、一九八〇年代に日本が近代化を象徴する自動車と半導体で欧米を追い越しました。この時点で、米国で起きたことが十数年後に日本で起きるという鉄則が逆転し、日本で起きたことが欧米で起きるようになったのです。いわば、近代日本の先行性が生じました。

自動車とITは二〇世紀において「より速く、より遠くへ」を実現するにはなくてはならない手段です。四世紀かけてゆっくりと近代化した欧米に対して、日本は明治維新から数えれば一三〇年、第二次大戦後ゼロからスタートしたことを考えればわずか四〇年で追いつき、追い越したことになります。

当然、欧米、そして日本も近代化に伴う問題点、矛盾を抱えてい

稿につけるタイトルのほうがふさわしかったかもしれない。『錯覚時代――政治家と中央銀行幹部はいかにして大恐慌を生み出したのか』である」（九七頁）。グリーンスパンの回顧録とは、『波乱の時代』（日本経済新聞出版社、二〇〇七年）のことである。

る点は同じですが、近代化を成し遂げるスピードが速い分、日本においては速いスピードで投資機会が失われ、近代がもつ矛盾が表面化しやすいのです。逆にいえば、ゆっくり期間をかけて近代化したヨーロッパは近代の持つ矛盾もゆっくりと進行するので、目にはなかなか見えないのです。イギリスには「優雅なる衰退」が可能であっても、日本のように急速に近代化した国には難しいのです。

バブル崩壊後、マイナス成長が長期化すると、「成長」信仰は一層強まりました。しかし、現実には成長基盤が機能しなくなったから、バブルに依存するようになったのです。ところが、なぜバブルに依存するようになったかの分析をしないものですから、バブルが崩壊し、ゼロ成長ないし、マイナス成長に陥ると、「成長さえすれば、あるいはインフレになりさえすれば、この困難を脱することができる」と相変わらず思っているのです。しかし、成長やインフレにならない構造になったからバブルに依存したのですから、バブルが崩壊してマイナス成長になったときに「成長さえすれば」というのは、因果関係を正しく捉えていないのです。今後、欧米においても潜在成長率の低下が表面化し、名目ＧＤＰがマイナス成長となり、日本がすでに経験してきたことを経験する可能性が高いのです。

二〇〇〇年一月、ボストンで開催された全米経済学会年次総会で、バーナンキ米連銀議長★6（当時はプリンストン大学経済学部長）は、「私は現在日本が窮地に陥っている原因の大半は、過去一五年間にわたるきわめてお粗末な金融政策にあるというよく知られた見解が正しいと思っている」（デイビッド・ウェッセル『バーナンキは正しかったか？』藤井清美訳、朝日新聞出版、二〇一〇年、一五八頁）と述べています。バーナンキによれば、米連銀は日銀と違って、積極果敢な金融政策を実施しているので、米国はデフレになることはあり得ないのです。同論文で、バーナンキ米連銀議長は、デフレは日銀に「本当にやる気さえあれば克服できる」（前掲書、一五八頁）とさえ述べています。もし、米国でもデフレに陥れば、デフレ・ファイターの第一人者である「ヘリコプター・ベン●5」への信頼は失墜することになります。

しかし、事態はバーナンキ議長の想定とはまったく逆の方向に向

★6…ベン・バーナンキ（1953–）は、アメリカの経済学者。第一四代連邦準備制度理事会議長。フリードマンのマネタリズムを信奉し、「デフレ克服のためにはヘリコプターからお札をばらまけばよい」と発言したことから「ヘリコプター・ベン」と揶揄された。

●5…「ヘリコプター・ベン」については、デイビッド・ウェッセル『バーナンキは正しかったか？』（藤井清美訳、朝日新聞出版、二〇一〇年）の一一二～一一五頁参照のこと。

っています。二〇一〇年六月二二～二三日に開催された米連邦公開市場委員会（FOMC）★7の議事録が七月一四日に公表され、何人かの理事がデフレのリスクに言及していることが明らかとなりました。さらに、二〇一〇年七月二一日、バーナンキ議長は、「米経済は異例なまでに不透明である」と議会で証言したのです。

一〇年以上にわたって続く日本のデフレ、そしてこれからそうなるであろう欧米のデフレは、すでに一九七四年に「大きな物語」循環が終わって「バブルの物語」循環がはじまったときから運命づけられていたのです。そのことは、リーマンショック後の二〇〇八年一〇月二三日、グリーンスパン前連銀議長が公聴会で自らの誤りを語ったことに裏づけられつつあります。下院政府改革委員会委員長のヘンリー・ワックスマンに「つまり、あなたの世界観、あなたの理念は正しくなかった」のかと問われて、グリーンスパンは「そのとおりです。私が衝撃をうけたのはまさにそのためです。四〇年以上仕事をしてきて、それがきわめてうまく機能している事例はすくなからずみてきたのですから」（前掲書、九六頁）と答えたのです。

★7…米連邦公開市場委員会（FOMC）とは、アメリカ合衆国の金融政策の一つである公開市場操作（中央銀行が金融市場で国債や手形などの有価証券を売買することによって、マネーサプライや金利を調整すること）の方針を決定する委員会のこと。

グリーンスパンが誤った原因は、「バブルの物語」循環をバブル依存症候群とはみなさず、「一〇〇年に一度の生産性革命」によって構築されたものであると確信したことにあります。しかし、「バブルの物語」循環は、一九七〇年代半ばまで存在した「大きな物語」循環に代わって、バブルで嵩上げされた成長率を生産性上昇に基づくものと錯覚を起こさせるものでした。

先進国において、大多数の企業が満足な利潤を得られる時代が一九七〇年代半ばに終わっています。そのことは日本、米国、英国の総固定資本形成比率(対GDP比)を見れば明らかです。工場、オフィス・ビルといった実物投資(対GDP比)が一九七〇年代半ばでピークをつけて、その後は趨勢的に低下しているのは、工場や店舗、オフィス・ビルを建てても期待したほどの利益を生まなくなったからです【図2】。総固定資本形成比率がピークをつけたのは、日本が一九七三年、英国が七四年、米国が一九七九年でした。この投資比率の低下は、「大きな物語」が終わったことをあらわしているのです。

図2 総固定資本形成（対名目GDP比）

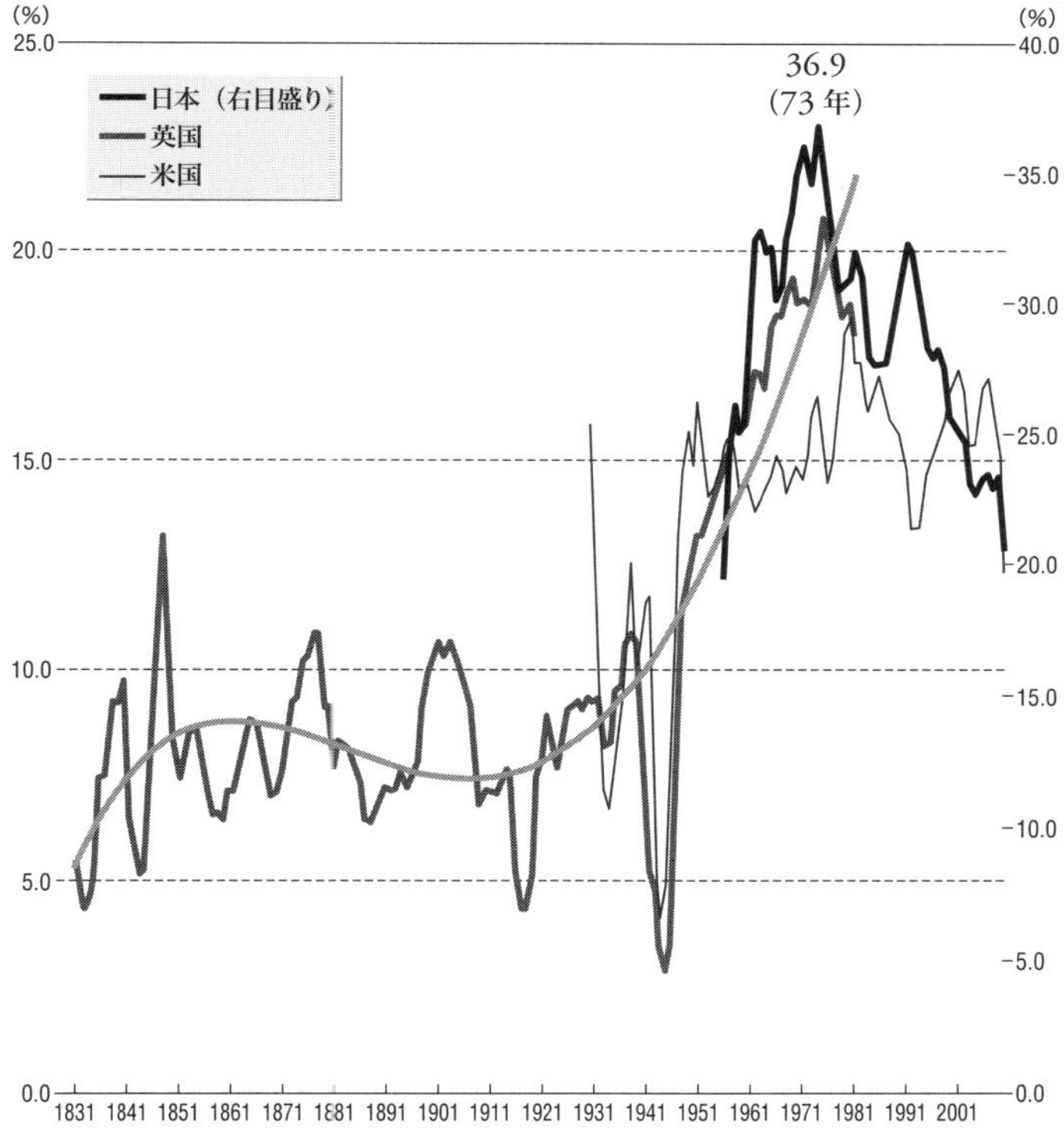

注1：総固定資本形成＝民間企業設備＋住宅投資＋公共投資
注2：米国の場合、公共投資を含まず
出所：「イギリス歴史統計」（B・R・ミッチェル）、米商務省「アメリカ歴史統計」、
内閣府「国民経済計算年報」

米国のデフレ化と二一世紀の「利子率革命」

一九九〇年代の日本がそうであったように、現在の欧米もバブルが崩壊したあと、景気が回復しても、雇用の回復が鈍く、財政の支援が切れると、常に失速するリスクを抱えています。家計や企業がバブル生成期に積み上げた債務が過剰となって、その返済に長期間を要することになり、その間、個人消費支出や企業設備投資が低迷するからです。

日本をはじめ先進国はリーマンショック後の売上急減からの反動増で、一見立ち直ったかのごとく景気回復局面に入ってはいますが、それは輸出主導の国で見られるにすぎないのです。これらの国は、もともと国内でバブルが起きていたわけではなく、輸出急減による生産調整で景気に急ブレーキがかかったのです。ですから、欧米で過剰に積み上がった売れ残り在庫の調整にメドがつけば、適正在庫に一刻も早く戻すべく、生産と輸出が急増することになります。

「一〇〇年に一度の金融危機」であっても輸出主導国の定義上の景気後退はそれほど長期化するわけではありません。たとえば、日本の場合、二〇〇七年一〇月に景気の「山」をつけて、二〇〇九年三月に「谷」をつけたので、後退期は一七ヶ月間でした。戦後の後退期の平均的期間と変わりません。ただし、輸出は適正在庫に戻すために急増するのであって、輸出先の欧米はバブル崩壊で最終需要が弱いのですから、輸出国の景気回復も力強さに欠けるし、持続性も乏しいといえます。日本では、二〇一〇年八月の輸出が大きく減少すると、再び景気の先行きに対する不安が高まってきました。政府の景気判断も輸出や生産が弱含んでいることを理由に「持ち直し」から「足踏み状態」へと下方修正されました（二〇一〇年一〇月『月例経済報告』）。

一方、金融不況に陥った米国はリーマンショックのあと、二〇〇九年七〜九月期以降プラス成長に戻ったのですが、その回復テンポは米連銀が想定している以上に鈍いといえます。米セントルイス地区連銀のブラード総裁は二〇一〇年七月の報告書で「米国は歴史上、最も日本型のデフレに近い」と危機感をつのらせています。米国でもデフレと長期低迷が懸念されるようになったのです。

長期低迷が懸念されるのは米国だけではありません。バブル崩壊で過剰債務を抱える諸国はみな景気回復力が著しく弱いのです。二〇一〇年においてもリーマンショック後の減少率の四分の一しか回復していません。韓国、日本、ドイツなどの輸出国が落ちこんだうちの八割を取り戻しているのと比べると、対照的です。

欧米諸国の回復力が鈍いのは、過剰債務を負っているからです。ちょうど一九九〇年の日本の景気回復がそうであったように、米国も「偽りの夜明け（false dawn）[6]」となる可能性が高いのです。現在の欧米は日本が一九九〇年にバブルが崩壊した直後に三六ヶ月の長期不況に陥った状況と同じなのです。過剰設備・過剰債務・過剰雇用調整型の不況は長期化し、かつそれ以前と比べて成長率が大幅に下方シフトしたのです。

一九九〇年にバブルが弾けて最初の景気後退時（一九九一〜九三年）においても日本は一九九二年時点で財政黒字（対GDP比で〇・八％、

●6…「偽りの夜明け」については、白川方明日本銀行総裁が二〇〇九年四月二三日、ジャパン・ソサエティNYにおる講演会で「経済・金融危機からの脱出：教訓と政策対応」と題して次のように述べた。「日本経済は、一九九〇年代の低成長期においても、何回か一時的な回復局面を経験しました。ただし、このことは、経済が遂に牽引力を取り戻したと人々に早合点させる働きをしたように思います。これは『偽りの夜明け』(false dawn) とも言うべきものでしたが、人間の常として、物事が幾分改善すると楽観的な見方になりがちです」。

一般政府ベース）を維持していましたし、一九九三年に赤字に転落したときの対GDP比率は二・四％でした。しかし、そのわずか五年後の一九九八年度には財政赤字は一一・二％へと一気に拡大したのです。

二〇〇九年の米財政赤字はすでにマイナス一一・二％と、日本の最悪期と同じ水準に達しています。しかし、米経済はバブルの後遺症から抜け出しておらず、雇用悪化を阻止しようと、積極財政策を続ければ（毎年一〇％程度の財政赤字が一〇年続けば）、二〇〇九年末で八三・九％に達している米政府の負債残高（対GDP）は、日本並みの二倍（対GDP比）に膨れ上がることになるでしょう。

バブル生成は、債務が利益に比べて持続的に増えていくプロセスにあらわれます。日米企業（非金融）の長期債務返済年数●7を比較すると、日本企業は一九七〇年以後、趨勢《すうせい》的な上昇に転じ、米企業は日本に五年遅れて一九七五年から収益力に比べて債務の増加テンポを高めていきました【次頁図3】。そして、非金融企業が債務返済年数を高めていくその背後で、金融機関の利益シェアが上昇していった

●7…長期債務返済年数は、長期債務残高を貯蓄額で割って求める。長期債務は、日本企業の場合、社債と長期借入金の合計。貯蓄は税引き後利益から社外流出（配当金と役員賞与の合計）を控除し（控除後の数字が内部留保利益）、減価償却費を加算したもの（日本のデータは、財務省「法人企業統計年報」を使用）。米企業の場合、長期債務残高は、総債務（Total Liabilities）から短期債務（Total Short-term Liabilities）を控除して求める。貯蓄は日本と同じように求める（米連銀の"Flow of Funds Accounts"を使用）。短期債務は手元流動性（現金預金と短期有価証券の合計）と売掛金の回収で返済するのが原則だから、総債務から短期債務を控除した長期債務を分子に用いる。

図3　日米企業の長期債務返済年数の推移

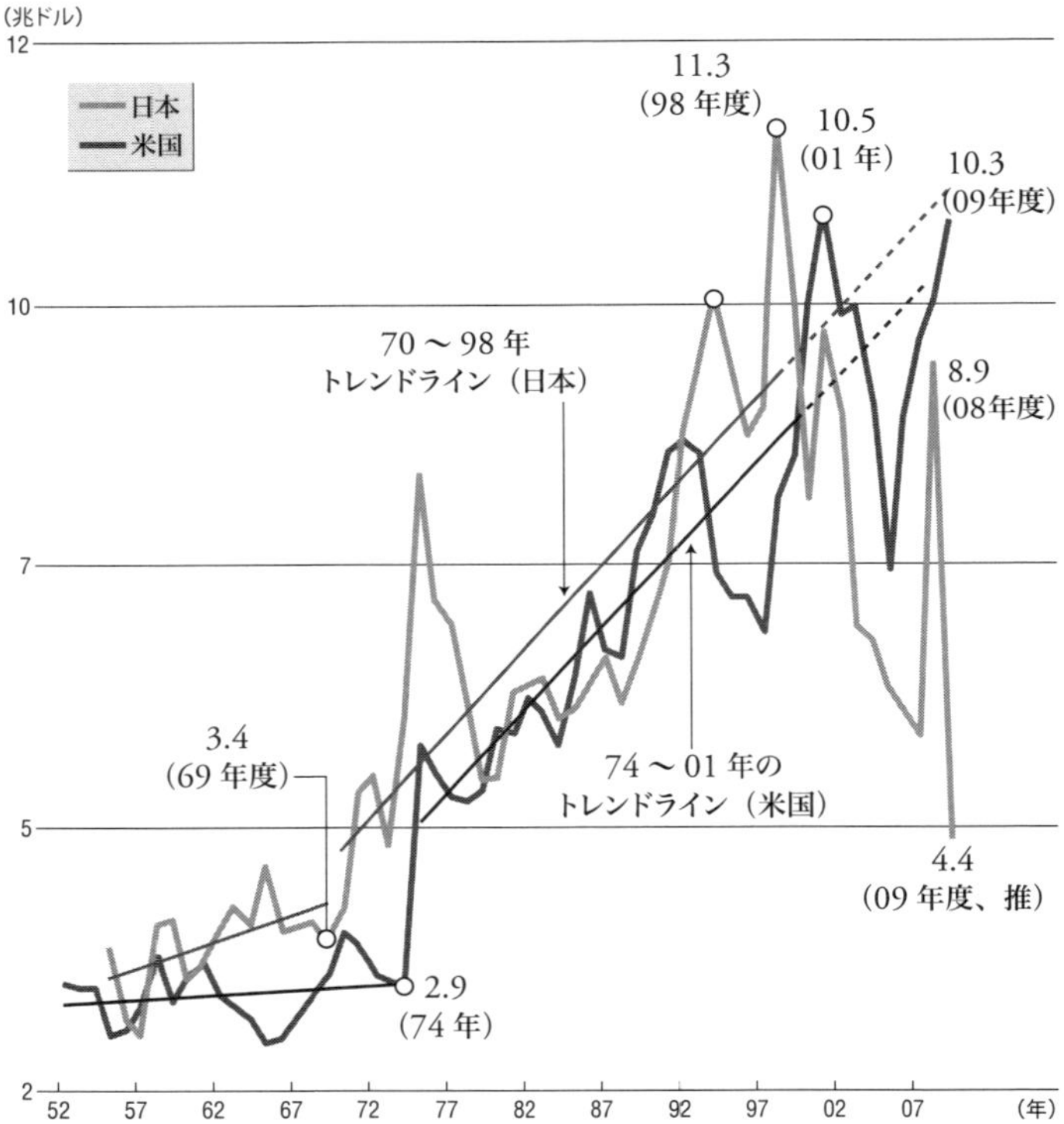

注1：長期債務残高＝長期負債／貯蓄

注2：貯蓄＝社内留保＋減価償却費

注3：日本の傾向線（70–98年度）y=0.1612 t +4.1136（t=1、70年）

注4：米国の傾向線（74–01年）y=0.1579 t +4.3853（t=1、74年）

出所：FRB “Flow of Funds Accounts”、財務省「法人企業統計年報」

のです。米「バブルの物語」循環の上昇期（米国の場合、一九八二～九九年まで）は金融機関の利益シェアが上昇した時期（一九八二～二〇〇一年まで）と重なりますし、米「バブルの物語」循環の下降期（一九九九年から現在進行中）は金融機関の利益シェア低下期と一致するのです。

日本企業は一九九〇年に土地・株式バブルが崩壊したあと、債務残高を減らすことをせず、抜本的な債務リストラを怠った結果、一九九八年度まで債務残高が増え続けました。ところが、一九九七、一九九八年に大手銀行が経営破綻するなど深刻な金融危機に陥って、はじめて債務を減少させたのです。キャッシュフローを増やさないと債務の返済ができないから、企業は人件費を変動費化させたのです。したがって、景気が企業業績を中心に回復しても、雇用や所得環境は改善しないので、消費は不振が続くことになります。

米企業はネットバブル崩壊、そして住宅バブル崩壊後の現在においても長期債務を増やし続けています。次にくる不況においては、政府による公的需要の追加策が期待できないので、米企業は債務を返済せざるを得なくなるでしょう。そのとき、米実物経済にとって深刻な不況となる可能性が高いのです。

二〇〇八年九月のリーマンショック後、米一〇年国債利回りは急低下し始め、同年一二月一八日には二・〇七％まで下がりました。米連銀は一二月一六日に事実上のゼロ金利政策に踏み切り、さらに長期国債の買い入れの検討を表明したことで、非伝統的金融政策に踏み切ったのです。

米一〇年国債利回りの低下がはじまったのは、二〇〇八年一〇月一五日からです。前日一四日の一〇年国債利回りは四・〇七％でしたが、翌一五日にバーナンキ米ＦＲＢ議長がニューヨークでの講演で、「あらゆる政策手段をとり続ける」と発言したことがきっかけとなって、利回りが急低下しました。この時点で市場は量的緩和まで行き着くことを織り込んだのです。

量的金融緩和を受けて長期金利が急低下するのは、「超低利潤率、低成長」が長期化すると予想されるからです。二〇一〇年七月になって再び米一〇年国債利回りは三％を下回るようになりました。こうした米長期金利の低下は、一九九七年の日本を彷彿とさせます。

米一〇年国債利回りは一％近辺まで低下する可能性が高く、それも一時的ではなく、一〇年という長い期間にわたって二％以下で推移することになるでしょう。欧米の長期金利が二％を下回るプロセスにおいて、一九九〇年代以降日本が経験したこととまったく同じ経過を辿ることが予想されます。

米国より先に長期金利が二％割れとなるのは、ドイツです。長期金利が低下するのは利潤率が低下しているからです。利潤率とは最終利益と投下資本の比率です。この比率の逆数は、資本係数（＝資本ストック／実質GDP）と同じ概念になります。実質GDPの内訳が最終利益と雇用者報酬だからです。資本係数が世界で一番高いのが日本で、次いでドイツです。

そして、英国も米国と同様に二％を下回ることになるでしょう。日本とドイツの一〇年国債利回りが二％を下回るということは、成熟化の証しです。当然、米国もイギリスも日独と同じように近代化してきたわけですから、日独で起きたことは米英でも起きることが予想されるのです。経済大国で、しかも過剰消費国の代表である米英と輸出主導の日独が揃って長期金利二%割れとなるならば、まさにそれは、大航海時代以来の西欧型資本主義のピークが過ぎたことを決定づける事件となるでしょう。中世社会のピークで生じた一六世紀の「利子率革命」が近代のはじまりを示唆したように、二一世紀においてはポスト近代の幕開けを象徴する「利子率革命」が現在進行中です。

第Ⅲ章　歴史の大転換にどう立ち向かうか

「歴史における危機」とは何か

——9・11、9・15、3・11をつらぬくもの

近代の再延長とその矛盾

米国の同時多発テロ（9・11）、リーマンショック（9・15）、フクシマ第一原発事故（3・11）、そしてギリシャ発の欧州危機と今世紀に入ってから立て続けに大きな危機が起こっています。私はこれをスイスの歴史家・文化史家のヤーコプ・ブルクハルト[★1]にならって、「歴史における危機」と呼んでいます。

ブルクハルトは『世界史的考察』という本の中で、一七八九年のフランス革命にはじまり、一八四八年に二月革命が起こるまでの間、つまりヨーロッパの王国の大半が倒れてしまうこととなる半世

★1…ヤーコプ・ブルクハルト（1818-1897）は、スイスの歴史家・文化史家。バーゼル大学で歴史学・美術史を教え、当時バーゼル大学で古典文献学の教授であったフリードリヒ・ニーチェとも深い親交を結ぶ。芸術や学問の歴史を文明史的な観点から考察し、歴史学にとどまらず後の研究者に大きな影響を与えた。著書に『イタリア・ルネサンスの文化』『世界史的考察』など。

紀の歴史の流れを「歴史における危機」と述べています。私の考えでは、これと同じような歴史の大転換が一九七〇年代から起きはじめていて、今世紀に入ってからの一連の危機もその延長線上で生じています。いま先進国が直面しているのは「近代」という時代が限界を迎えることによって生じた必然的な危機なのです。

近代の危機の発端は一九七〇年代にあります。一九七五年にヴェトナム戦争でサイゴンが陥落し、アメリカの膨張主義が最初の限界に直面しました。そして、同じ一九七〇年代に二度の石油危機（一九七三年、一九七九年）が起きます。一九七九年のホメイニ（イラン）革命による第二次石油危機は、これまで近代資本主義を牽引してきた先進国の富の独占に対して産油国側からの異議申し立てでした。

先進国が主導した近代資本主義は、産油国から買いたたいた安い原油（エネルギーコスト、移動コスト）を与件として、外部に不断の膨張をおこなうことによって、利潤を極大化してきました。それに対して、中東諸国から資源ナショナリズムが起こったのです。ヴェトナム戦争とオイルショックが示しているのは、アメリカの膨張が財・

サービスの生産活動の面で限界を迎えたということです。

アメリカの膨張が止まれば、自動的に先進国の膨張も止まります。海外の市場の膨張が止まるということは売上高が増えないということであり、原油価格が高騰するということは中間投入額が増加することです。売上高から中間投入額を控除した限界利益が縮小することを意味します。雇用者報酬と企業利潤からなる限界利益は、名目GDPと同じ概念です。

本来であれば、一九七〇年代に近代資本主義は物質的な限界を迎えていたはずでした。「無限の空間」「無限のエネルギー」という膨張の前提が崩れ、世界の「有限」性に直面してしまったからです。しかし、アメリカは行き詰まった「地理的・物理的空間」(実物投資空間、主としてこの空間で財・サービスの生産活動をして、その生産金額が名目GDPです)を乗り超え、限界に直面しつつあった近代を延長しようとして「電子・金融空間」という新たな「無限」の空間を作り上げたのです。このような試みの矛盾が明らかになったのが、9・15のリーマンショックでした。

そして、3・11の原発事故もまた、構造的には9・15のリーマンショックと同型のものなのです。ちょうど一九七〇年代以降の先進国が実物経済から離陸して「電子・金融空間」という無限空間を作り上げようとしたのと並行して、原子力発電に傾斜することで、石油によらない無限のエネルギーを作り上げようとしました。石油危機でそれまで一バレル三ドル以下だった原油の名目価格はそれ以後二〇ドルを中心にしてプラスマイナス一〇ドルのレンジへと跳ね上がりました。原油(名目)価格はオイルショック後から一九九〇年代末まではかろうじて二〇ドル前後で推移していたのですが、二〇〇〇年代に入ると一〇〇ドルに向かって趨勢的に値上がりはじめました。中東諸国の資源ナショナリズムに加えて、急成長する新興国のエネルギー需要が高まったためです。図1(次頁)に示されているのは、原油田が発見されて以来の(インフレ調整後の)原油価格の推移です。名目原油価格が一一五ドルになると、実質価格は史上最高値になります。

そして、原子力発電はこのエネルギー資源の価格の上昇に対応し

図1　原油価格の長期的推移（1960年基準）

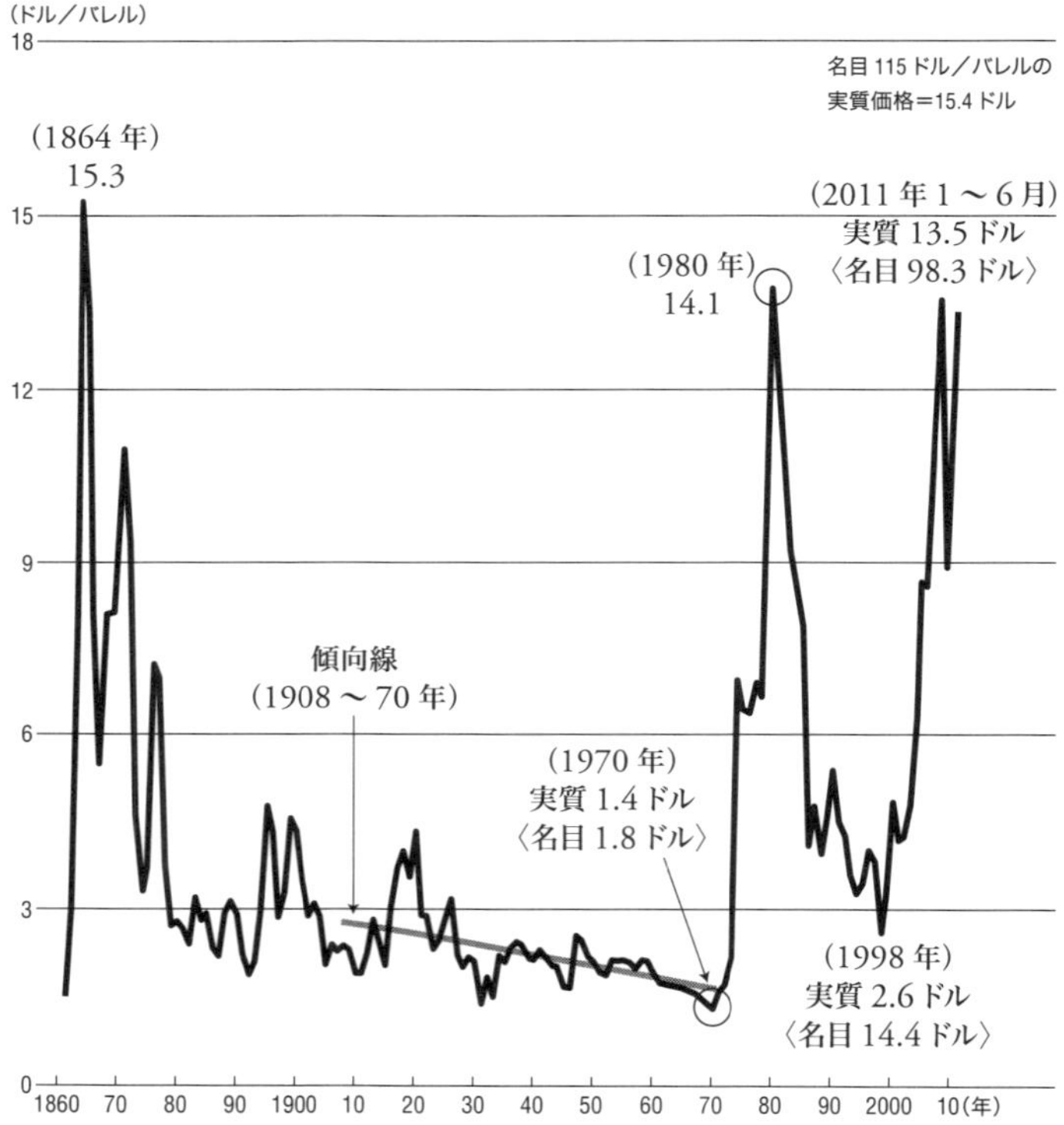

注1：原油の実質価格＝名目原油価格／米消費者物価指数（除くエネルギー）
注2：1975年まではブレント、76年以降はWTI価格を使用
出所：BP「Statistical Review of World Energy」

ようとして、オイルショック以前の安い値段でエネルギーを作り出す手段として期待されたのです。原子力発電所は、計算上は四〇年の減価償却期間を終えると一キロワットあたり〇・五円という超低コストになるはずでした。これを原油価格に換算してみると、オイルショック以前にほぼ近い一バレル五ドルに匹敵する価格で調達できるという見込みだったのです。インフレ調整後に直すと一ドル弱となります。高価なエネルギーを極端に安いエネルギーへと一気に形勢を逆転できると期待されたのが原発だったのです。

しかし、この目論見は完全に外れました。福島原発の事故で明らかなように、除染費用、廃炉コスト、あらゆる面から見て原子力は低コストどころか、非常に高いコストがかかることが明白になりました。複雑な原子力工学を用いているため「絶対安全」といわれていた原子力発電所の安全神話はもろくも崩れさったのです。先に先進国が実物経済から離陸して「電子・金融空間」を作り上げたことと原子力発電所の増設は並行的に生じたと述べましたが、原子力の安全神話の破綻も、リーマンショックにおける金融工学の破綻と完全に相同的です。

金融化に傾斜していったのも、原発依存を高めたのもその動機は同じところからはじまったわけですから、結末も当然同じになります。すなわち、9・15と3・11で無理な膨張が一転して収縮に転じたのです。サブプライムローンの際も、証券化商品は最先端の金融工学を駆使してリスクを効率的に分散しているといわれていました。9・15も3・11も共に一九七〇年代に終焉を迎えていたはずの「近代」を無理に延長しようとした結果生じたものです。

「技術の時代」の帰結

今回の震災と3・11の原発事故で明らかになったのは、「近代」の終焉です。「近代」は一七世紀にデカルトとベイコンらによって成し遂げられた「科学革命」★2によって脱魔術化★3を図るプロセスと捉えることができます。しかし、9・15や3・11が起きてみると、結局カール・シュミットがいうように「宗教の魔術性は技術の魔術性

★2…科学革命は、イギリスの歴史学者ハーバート・バターフィールドが考案した時代区分で、一七世紀に、コペルニクス、ケプラー、ガリレイ、ニュートンらによる科学上の変革と、それに伴う認識論上の一大変化（天動説から地動説への変化、物理学の刷新など）を指す。

★3…脱魔術化とは、マックス・ウェバーが『職業としての科学』で提唱した概念。ウェバーは近代の自然科学では「脱魔術化＝合理化」が進んだため、学門は個々の領域に専門分化し、真なる価値を体現することができなくなったとしている。

に転化した」ものにすぎなかったということです。リーマンショックを招来させた金融工学や、原発事故が起きたあとも「安全」といい続けた原子力工学は、まさに「技術の魔術性」を白日のもとに晒《さら》したことになります。そう考えると「近代」＝「自然の征服」とは人類の奢《おご》りだったことになります。

シュミットによれば一六世紀に「神学の世紀」が終わって、一七世紀から近代がはじまります。この近代の最初が「形而上学の世紀」であると同時に科学にとっても偉大な時代であり「西欧合理主義の英雄時代」でもありました。続いて一八世紀になると形而上学が棚上げされて、「大いなる俗流化の時代」あるいは「啓蒙の時代」「人間化・合理化の時代」になりました。産業革命が一八世紀末に起きて「人道‐道徳の世紀」となり、一九世紀に「経済の世紀」へと至ります。

これはそれぞれの時代の中心的なモードで、この中心テーマを解決すれば、世の中のその他の問題も付随的に解決すると考えられていました。たとえば、一八世紀の啓蒙主義はこの延長線上にあり、人道的な啓蒙によって世の中の問題を解決していこうという思想でした。一九世紀は「経済の世紀」で、経済的な成長によって世の中の付随問題をすべて解決していくという形をとりました。そして、二〇世紀にはこの「経済の世紀」に技術という観点が加えられて、「技術の世紀」ということになりました。技術の進歩によって経済をもっと拡大できるというわけです[★4]。

　近代とは成長の時代の別名ですが、この成長というものは技術進歩、資本投入量、労働投入量の三つの要素で決まるというのが近代経済学の考え方です。その中でも特に重視されるのは技術進歩（イノベーション）です。先進国ではもはや実物投資で利益を上げることができなくなり、経済成長を続けるためのイノベーションの重要性が説かれています。技術の進歩によって近代の限界を突破しようということです。

　一九二八年にコブとダグラスという二人の学者が「経済と技術は一体化している」といって、経済と技術の橋渡しをするような経済理論を提唱しました。それが、「コブ＝ダグラス型生産関数[★5]」です。

★4…このことについてはカール・シュミット「中性化と非政治化の時代」（『合法性と正当性』（未來社、一九八三年）所収）に詳しい。

★5…コブ＝ダグラス型生産関数は「$Y=AK^{\alpha}L^{\beta}$」の定式で表される。Yは生産量、Aは技術進歩率、Kは資本投入量、Lは労働投入量を指す。

「コブ＝ダグラス型生産関数」が想定するのは、成長力は労働力人口と資本投入量と技術進歩率の三つで決まってくるというものです。経済が成熟化すると人口増加率は鈍ってきますし、工場や店舗なども無限に増設するわけにはいきません。成長する最後の決め手は技術進歩だということです。

それでは、原子力工学という技術が本当に成長に貢献できるのでしょうか。原子力は先進国の交易条件を悪化させる原油高を打破するものとして導入されましたが、結局、その試みは成功しなかったと思います。今回の震災で分かったことは、テクノロジーが必ずしも人間を幸せにするわけではないということです。シュミットは、技術というのは「技術進歩教という宗教」であるといっていますが、原子力の「安全神話」の崩壊とは、この「技術進歩教という宗教」の崩壊なのです。つまり、二一世紀は明らかに「技術の時代」ではない、テクノロジーの時代ではないということになると思います。すなわち、技術は二一世紀の中心領域ではないということです。

二一世紀は一七～二〇世紀の延長線上にはないのです。一六世紀

「神学の世紀」と一七世紀「科学の時代」の間にあったような断絶と同じことが二一世紀に起きています。二一世紀における本当の競争とは、二一世紀の理念とは何かを見出すことなのです。

「未来」の収奪としての9・15と3・11

先に述べたように、石油危機は先進国主導のグローバル経済に対する中東諸国からの対抗という意味を持っていましたが、それに加えて、三億年前から地球上に堆積してきた化石燃料を（一八世紀末のエネルギー革命以来の）たった二〇〇年で食い潰す近代資本主義に対する警告という側面もあったと思います。そして、それに対する先進国の回答が原子力発電所でした。

このままでいけば化石燃料はいずれ枯渇します。それに代わる安価なエネルギーとして原子力が求められました。さらにもんじゅなどの高速増殖炉★6でプルトニウムを再利用することで、極端にいえば「永久エネルギー」のようなものを作ろうとしました。化石燃料の

★6…高速増殖炉とは、高速中性子による核分裂連鎖反応を用いた増殖炉のこと。ウラン238などの核廃棄物を高速増殖炉の炉心で燃やすことで、プルトニウム239を作り出し、これにより核燃料を循環・再利用する「核燃料サイクル」計画を実現するための原子力発電装置。

枯渇という「有限」に突き当たった先進国は原子力発電といういわば人工的な「無限」を作ろうとしたのです。

石油資源の浪費は「過去」の遺産を食い潰すものでしたが、原子力発電は現在より後の世代の人々、特に若い人々の「未来」を食い潰すものでした。福島第一原発の事故で放出された放射能による被害は、現在に生きる人々ばかりではなく、土地の汚染、内部被曝によって後の世代の「未来」を大きく損なうことになりましたが、この「未来の収奪」という構造はリーマンショックでも同じだと思います。

リーマンショックの背景にあった金融工学による住宅バブルは、信用力の低い低所得層（サブプライム層）の未来における購買力を先取りして、無理な貸し付けをおこなうことによって生じました。サブプライムローンでは、本来ならば一〇年かけて頭金をつくって、それで住宅を買うべきだった人々に、頭金ゼロでしかも最初の三年は低金利で貸し出しをおこないました。将来マイホームを持ちたいという低所得層の「中産階級願望」につけ込んで「いま中産階級にしてあげますよ」と吹き込んだのです。しかし、結果的に彼らは一〇年後どころかさらに遠い将来にも中産階級にはなれなくなってしまいました。三年を過ぎて、優遇金利から本来の信用力の低い層向けの高金利となった住宅ローンを返しきれなくなった低所得層は破産し、次々と住宅を手放しました。不況下で職も失うことになるのですから、安くなった住宅を購入する人もなかなか現れません。借り手が破産しても同じ住宅を転売すれば不動産業者としては何の問題にもなりません。そのころ（未来）にはさらに住宅価格は上がっているはずでした。しかし、それも住宅価格が上がり続けるという前提があってのことです。実際には、一度住宅価格が下落に転じるとサブプライムローンはあえなく崩壊しました。

サブプライムローンが証券化商品というテクノロジーを用いたのと相即して、「電子・金融空間」によって膨れ上がったウォール街のマーケットでは「時価会計システム」が導入されました。時価会計とは有価証券や金融派生商品（デリバティブ）[★7]などの金融商品を、期末の時価で評価するシステムです。アメリカは金融自由化により世

★7…金融派生商品（デリバティブ）とは、金融取引や債券取引の相場変動によるリスクを回避するために開発された金融商品のことで、原資産の一部を証拠金として供託することで、一定幅の価格変動リスクを他者に譲渡する保険を商品化したもの。

界各国からマネーを集めるにあたって、多くの国にこの時価会計システムを導入させたのです。時価会計は、現在取引される金融商品の価値を将来の収益性を織り込んで決めるものですから、将来達成されるだろう株式の価値を現在時点で先取りして取引していることになります。

もちろん、商品の価値を適切に評価すれば時価会計でも大きな問題にはならないのですが、たいていの場合、「この商品は将来より高くなるだろう」という期待を織り込んで価格が決定されてしまいます。そうすると、もしある企業が一〇年後に実際にそれに相当する利益を出したとしても、すでに一〇年前の人がその利益を現在価値に置き換えて、先取りしてしまっていることになります。これはつまり、未来の価値を一〇年前の人が先に収奪してしまっているということです。一〇年後になると、そこからさらに一〇年先を織り込むことになりますので、市場が無限に膨張していかないと成り立たないのが資本主義システムなのです。この時価会計システムは、サブプライムローン関連の証券化商品が損失を生みはじめたときに、金融関連企業を大きく苦しめることになりました。

9・15は「証券化商品」と「時価会計」システムに見られるように、「電子・金融空間」が無限の膨張性と成長性を持っているという前提でリスクを未来に先送りすることによってもたらされました。他方、原子力発電は放射能汚染のリスクとコストを棚上げし、ツケを未来に先送りすることによって一見「安い」エネルギーを調達しているように見せたわけです。

原子力はエネルギーコストを抑制すると信じられていましたが、実際には非常に高いツケを支払わされました。一バレル五ドルと同じコストでエネルギーを手にしようとして、結果として取り返しのつかない損失を生んでしまった。9・15もこれと同様です。少ない元手で売り上げを極大化しようとして、自己資金の何十倍ものレバレッジをかけて貸し出しに回した。その重みに耐えかねてバブルが崩壊し、結果として金融機関救済のための公的資金や、景気対策のための財政支出増という高いコストを払うことになりました。9・15は少ない元手で売り上げを極大化しようとする「売り上げ増強作戦」の失敗、3・11は少ないコストでエネルギーを極大化しようとする「コスト抑制作戦」の失敗と捉えることができます。この二つは車の両輪であって、同じ危機の別様のあらわれなのです。

帝国システムとコレクションの歴史

このように考えると、一九七一年のニクソンショックにはじまって、オイルショック、ヴェトナム戦争の敗北へと続いた一九七〇年代の一連の危機と、今世紀になって生じたリーマンショック（9・15）、東日本大震災と福島第一原発事故（3・11）の根底には同じ構造があることが分かります。一九七〇年代に限界に直面した近代を無理に延長することによって生じた矛盾が、今世紀の一連の危機としてあらわれたのです。

さらにいえば9・11というのは、オイルショックのときに西側諸国の収奪から化石燃料を守ろうとした資源ナショナリズムと同じく、アラブ側からのグローバル経済への攻撃――富の集中の象徴であるワールドトレードセンターへの自爆テロ――だったわけで、富の集中に対する持たざる国の反撃でした。結局9・11も、アフガン戦争の泥沼化で米国は高いツケを支払わされることになりましたが、9・11が示唆するのはグローバリゼーションというものが、たんなる「ヒト・モノ・カネの国際移動」を指すものなどではなく、「帝国システム」における「中心（先進国）」と「周辺（中東諸国）」を結びつけるイデオロギーであるということです。

マイケル・ドイル[★8]の『帝国（Empires）』によれば、帝国システムには三つの要素が必要です。それは①「強力な中央統治機構を備える中心」②「中心からの影響力に対して抵抗力のない周辺」、そしてその二つを結びつける③「軍事的・政治的・経済的あるいはイデオロギー的な諸力・諸装置」です。グローバリゼーションとは、この富を独占する「中心」と収奪される「周辺」の関係の非対称性を覆い隠すイデオロギー装置に他なりません。グローバリゼーションを「ヒト・モノ・カネの国境を自由に越える移動」と捉えていると、その本質が見えてきません。アメリカの開いた「電子・金融空間」はウ

★8…マイケル・ドイル（1948-）はアメリカの政治学者でコロンビア大学教授。二〇〇一～〇三年まで国際連合事務総長の顧問を務めた。著書に『帝国（Empires）』（一九八六年）など。

ォール街という「中心」に余剰マネーを集中させましたが、それだけではなく、国内のサブプライム層という「周辺」に「略奪的貸し付け」をおこなうことによって、金融市場を膨張させていったのです。

福島原発とリーマンショックは、グローバル経済の浸透に伴って先進国の内部に「中心／周辺」の関係が作り出されていることを顕わにしました。原発では東京（中心）と福島（周辺）の非対称な関係性を安全神話や無限のエネルギー、そして雇用の創出、交付金・補助金というイデオロギーが結びつけました。サブプライムローンもウォール街（中心）と低所得層（周辺）を「いますぐに中流階級になれる」というイデオロギーが結びつけましたが、エネルギーをすべて地方で生産して、富は全部東京に集中させる原子力発電所は、根本的にサブプライムローンと同じような構造のもとに成り立っているのです。

マイケル・ドイルやウォーラーステインがいう「中心／周辺」という枠組みは、中世の「帝国システム」でも近代の「国民国家システム」でも基本的には変わりありません。もちろん、国民国家システムでは権力の源泉が民主主義にあり、帝国システムでは軍事力を一手に独占する皇帝にあるという違いはありますが、「中心／周辺」、あるいは「中央／地方」という分割のもとで、富を中央に集中させる「蒐集（コレクション）」のシステムという点では共通しています。

ジョン・エルスナーは『蒐集（コレクション）』という本の中で、ヨーロッパの歴史は蒐集の歴史であったと述べています。そして、「帝国とは諸国、諸民族を集めた一コレクション」でありその秩序は「蒐集者（コレクター）」と「蒐集物（コレクティブ）」に分割されるともいっています。エルスナーによればこの蒐集の手段に用いられてきたのが資本主義であり、キリスト教でした。前者は物質の蒐集、後者は霊魂の蒐集です。古代ローマ帝国や中世キリスト教社会では、軍事力が物資を集め、社会秩序を保つのに有効な手段でした。そしてその秩序の中心にキリスト教（カトリック）がありました。しかし、古代ローマ帝国も中世キリスト教社会もいずれも財政破綻によって崩壊しました。近代になり教会とカトリックに代わって「蒐集（コレクション）」の原理になったのが資本主義とプロテスタンティズムです。

私たちはそろそろキリスト教誕生以来の「蒐集の歴史」を見直さなくてはいけない時期に来ているのだと思います。元来日本人は「蒐集」という概念は持ち合わせていなかったのですが、明治維新以後の「近代化・西欧化」を受け入れたことで、同時に「蒐集」という概念も受け入れたのです。東京と福島だけではなく、東京と沖縄の非対称的な関係も同じ近代の「蒐集」の歴史によって作られているのです。いま地方で起きているさまざまな動きは、すべてを東京に集中させていいのかという問いを含んでいます。それを「地方」と「中央」という枠組み自体を見直していくという動きにつなげていくということが必要です。「中央／地方」の関係を見直すということは、「蒐集」をやめるということに他なりません。

「東アジア共同体」とTPP

私は二〇〇九年に羽田のハブ空港化の方針が打ち出されたときに、「海の時代」から「陸の時代」への移行を念頭に置いて、「ハブ空港を九州の西側に造るべきだ」と述べたことがあります（本書第Ⅱ章第2節）。そのときに私が考えていたのは、「海の時代」の終焉に伴って、経済の中心が日本海側の西に移るようになるのではないかということで、九州を経済活動の拠点にして「東アジア共同体」を構想するということでした。

当時は3・11のような災害について考えていたわけではありませんが、東京をはじめとする一都三県に三五〇〇万人の人口が集中しているというのは、あまりに巨大すぎるという意識はありました。改めて今回の震災を考慮に入れて考えてみると、やはり東京に政治経済機能をすべて集中させることのリスクは明らかだと思います。3・11では東北沖で起きた地震で首都圏の電車がすべて止まって、膨大な帰宅難民が生じましたが、これで東京で直下型地震が起きたら帰宅難民どころではありません。

しかも今回の地震で、日本列島は四〇〇年周期の地震の活動期に入ったともいわれています。近代はたまたま地震の少ない四〇〇年間でした。今回の東日本大震災は平安時代の貞観《じょうがん》地震★9（八六九年）以来、一〇〇〇年に一度の大地震・大津波だったといわれています。貞観地震が起きた時代はちょうど貴族社会が武士社会に変わっていく過渡期でした。実際に鎌倉に遷都がおこなわれて、貴族社会から武士社会に移行するのは一一九二年ですが、歴史の激動期に対応できなかった貴族政治は長い混迷の時代をすごすことになりました。今回の地震で明らかになったのは、私たちの社会もまた、かつて貴族社会から武士社会に移行したような、抜本的な仕組みの変更が求められているということです。

なお「東アジア共同体」ということでいえば、いま議論となっているＴＰＰ（環太平洋戦略的経済連携協定）★10は基本的には太平洋をまたいだ「海の国」の経済圏を作ろうという話だと思います。「海の時代」は太平洋や大西洋をジャンボジェットやコンコルドで横断して物資

★9…貞観地震は平安時代前期の貞観一一年（西暦八六九年）五月二六日に陸奥国東方沖の海底を震源として発生した大地震。マグニチュード八・三以上の規模の地震だったといわれ、大津波が東北沖を襲った。

★10…ＴＰＰ（環太平洋経済協定）とは、環太平洋地域の国々による経済の自由化を目的とした経済連携協定のこと。

を運んで利益を上げるものでした。しかし、原油価格の上昇でコンコルドもジャンボジェットも採算が合わなくなってきています。そう考えると太平洋、大西洋をはさんでの取引はこれからそんなに増えないと考えた方がよいと思います。ただ、これからは「陸の時代」になるからTPPにまったく意味がないかというとそうでもないとは思います。

中国がTPPに対していろいろと口出しをしてくるのは、ある意味で「海の国」の経済圏であるTPPが「陸の国」中国に対して抑制力として機能しているということです。そういう意味ではアジア経済が完全に中国主導にならないようにTPPで牽制するということに一定の意味はあるのでしょう。今後、太平洋の取引は放っておいても縮小していくでしょうから、アメリカの力を利用してASEAN（東南アジア諸国連合）＋6[★11]やFTAAP（アジア太平洋自由貿易圏）[★12]などの東アジアで日本が存在感を主張するための戦略としてのTPPという考え方ですね。とはいえ、これからますます成長していく中国と良好な関係を築いていくということは当然必要なことなので、い

★11…ASEAN＋6とは、ASEAN（東南アジア諸国連合）であるブルネイ、インドネシア、カンボジア、ラオス、マレーシア、シンガポール、フィリピン、タイ、ベトナム、ミャンマーに日本、中国、韓国、インド、オーストラリア、ニュージーランドの六ヶ国を加えた呼称。

★12…FTAAP（アジア太平洋自由貿易圏）とは、APEC（アジア太平洋経済協力）の加盟国全域で自由貿易圏を構築する構想の名称。

たずらに関係を悪化させるべきではないと思います。TPPはASEAN＋6やFTAAPの中で日本が取り残されないための手段としてうまく使えるならば有効性があるのではないでしょうか。

ギリシャ危機とEU＝「陸」の帝国

本書でこれまでも述べてきたように、一六世紀に英国が開いた「海の時代」は一九世紀末から二〇世紀の初頭にかけてアメリカの「海と空の時代」へと引き継がれ、一九七〇年代からずっと崩壊の兆しを見せています。世界史を「陸と海とのたたかい」と定義するシュミットの観点からすると、次にやってくるのは「陸の時代」ということになります。私はこれからは「海の時代」が終わって、「陸の時代」がやってくる、具体的にはアメリカの時代が終焉し、EUか中国、あるいはロシアが「陸の国」として台頭すると考えていました。

しかし、「陸の時代」のユーロも思わぬところで足を引っ張られています。ギリシャ危機に端を発した欧州ソブリン危機が、EUを追い込んでいます。これまでの文脈でいえば、EU＝ユーロ圏とは、「蒐集者（コレクター）」であるドイツが、PIIGS諸国を「蒐集（コレクティブ）」することによって作られた新たな「陸」の帝国です。ユーロ帝国の本質は、「海と空の国」アメリカに対向した「陸の国」である独仏がカール大帝以来の「大欧州」建国というイデオロギーを使用して作り上げた「領土帝国」というところにあります。

もしこの欧州危機でユーロからギリシャが離脱することになると、このユーロ帝国は崩壊の瀬戸際に立たされることになるでしょう。これに対して、「ユーロ圏から小国のギリシャだけを放り出しても大丈夫じゃないか」という考え方もありますが、私はそうではないと思っています。ユーロ圏からギリシャを放り出すか出さないかということは「帝国」の成立条件に関わることなのです。

松浦寿輝[★13]さんの「帝国の表象」（『帝国とは何か』岩波書店、一九九七年、所収）によると「『帝国』とは絶えず辺境（フロンティア）を拡張し続けようとする絶え間ない闘争の別名」です。これはフランツ・カフカ

★13…松浦寿輝（1954－）は、日本の文学者・批評家・詩人。『冬の本』で第一八回高見順賞、『折口信夫論』で第九回三島由紀夫賞、『花腐し』で第一二三回芥川龍之介賞を受賞。

の「皇帝の親書」★14という小説をもとにした定義なのですが、この「カフカの帝国」は、オーストリア＝ハンガリー帝国を想定しているのですが、絶え間なく膨張し続けていくということが帝国の条件なのです。すると、もし一度でも膨張が停止して外延が確定してしまえば、その帝国はすでに死んでいるということになります。もしEUがギリシャを放り出してしまうならば、ユーロ帝国の拡張の歴史が停止してしまうことになります。それはヨーロッパ帝国の「蒐集」の歴史が終わってしまうことと同義なのです。

ギリシャ発の欧州危機で、みんなが「怠け者のギリシャが悪い」といっています。もちろんギリシャが働かないというのはその通りなのでしょう。しかし、この場合の「借り手責任」か「貸し手責任」か、という問題は、日本の不良債権問題のときと同様に、基本的には貸し手責任であると考えるべきだと思います。日本のバブルのときも、サブプライムローンのときもそうでしたが、借り手と貸し手の間には情報の圧倒的な非対称性があります。

貸し手側はバブル生成の段階で過剰利益を獲得していることは、

★14…「帝国の親書」は『カフカ自撰小品集』（みすず書房、二〇一〇年）に収録されている。

ドイツ企業の収益（営業余剰）を見ればよく分かります【図2】。二〇〇二年のユーロの発足後から二〇〇七年にかけてドイツ企業は利益率を飛躍的に高めています。PIIGS諸国が加入することで「最強の通貨マルク」を捨ててドラクマ[★15]やリラなど弱い通貨を混ぜ合わせることで価値が薄まった新しい通貨「ユーロ」を導入して輸出を伸ばしたのです。ギリシャ危機までの一〇年ほどの間にドイツは十分すぎるくらいに儲けを出しています。

フランスもドイツもギリシャを周辺化して、じゃぶじゃぶと融資残高を増やしてそこから利益を得ていたのです。しかし、そのときの利益については何もいわずに、損失だけを大声で叫んでいます。これは日本の大企業でもウォール街でも同じで、調子のよいときに「周辺」を収奪して儲けたことに関しては一切口をつぐんでいます。二〇〇〇年初頭の日銀の量的緩和で、たとえば、円安が進んだのですが、そのときの企業利益の増加は棚ぼた利益だったとは経営者はいいません。一方、円高が進むと、政府のせいで減益になったと経営者は非難します。とりわけ、新自由主義を信望する経営者にその

★15…ドラクマはギリシャの旧通貨単位。もともと古代ギリシャで使われていた通貨単位だが一八三二年に再びギリシャの通貨単位となり、二〇〇一年にギリシャがユーロに加盟することで廃止された。

図２　ヨーロッパ主要国の営業余剰：ドイツが相対的に高水準

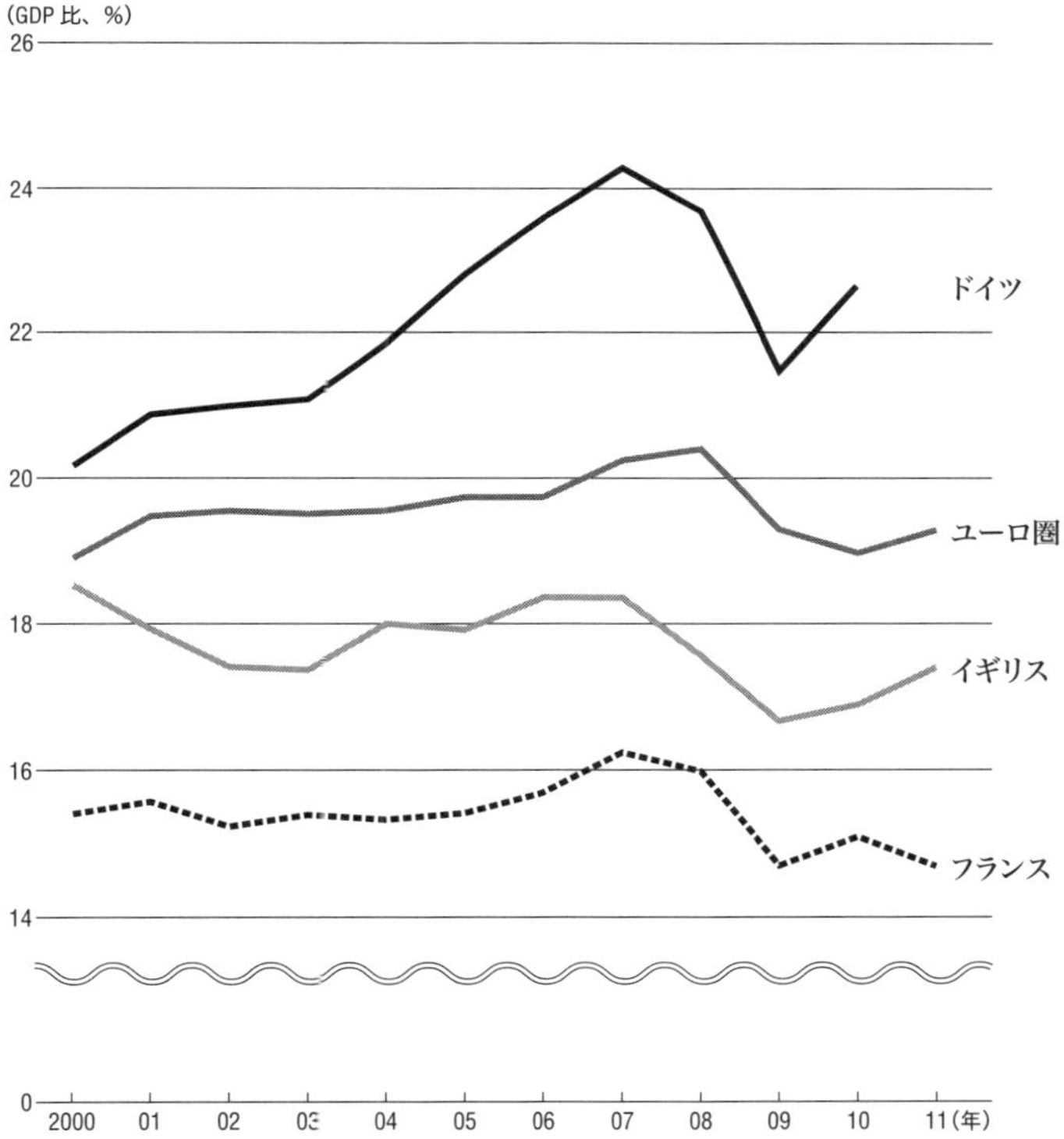

注１：各国統計より作成。金融業を除く民間企業ベース
注２：ユーロ圏、イギリスの 2011 年の値は同年第２四半期までの値
出所：内閣府「世界経済の潮流 2011 Ⅱ」

傾向が強いように思えます。

ギリシャは本来の実力ならば貨幣が弱く金利も高いはずでしたが、ユーロという強い通貨に統一されたことで低利での資金調達が可能になり、財政バブルが起きました。ギリシャ危機は実力以上に膨らみすぎたこの財政バブルに起因しています。バブルは借り手だけでは起きることはありえず、借り手と貸し手の両方が出会ってはじめて起きるのです。

今回の欧州ソブリン危機でのユーロ安とリーマンショック以降のドル安を受けて、いまは大変な円高になっています。私は石油高による交易条件の悪化に対する措置として「円高は国益」政策をとることが必要だといったことがあります（本書第I章第2節）。資源価格はドル建てなので、円高ドル安になればそれだけ安く原油が輸入できるからです。そして中長期的には輸出価格を引き上げて、円建て輸出の割合を上げるべきだと述べました。しかし、いまの円高にはそれほどのメリットは出ていないと思います。今回の円高はドル危機とユーロ危機でマーケットが冷え切った反作用として、相対的に円が上がっているにすぎません。需要が冷え込んでいるから、円高になった分、輸出価格を引き上げることができるかというとそれも難しい状況です。

輸出価格を引き上げるためには、日本のようにテレビと自動車の二本足だけで競争していてはいけません。その分野では新興国との苛烈な競争に巻き込まれますから、輸出価格を上げるのは困難でしょう。一方、ドイツは、日本のようにテレビと自動車だけで競争しているわけではありません。ハイテクの分野にかぎらず、ローテクの分野でも、個々のマーケットは小さくてもそこでトップをとるような産業政策をとっています。いまはユーロ安なので、ドイツの企業はユーロ安による輸出メリットがありますが、ユーロ高のときでもドイツは輸出物価を上げることで対応する力を持っています。たとえば、日本の企業はすべて相手国（輸出先）の規格に合わせて部品を作っていますが、ドイツのメーカーはみんな一律の規格で輸出して、むしろ相手国に合わせさせています。そうするとドイツの部品をみんな使わざるを得ず、値上げの要求にも応じざるを得ません。

また、ドイツのＧＤＰに占める輸出量の割合は五〇％ですが、日本はわずか一六％です（二〇〇六～一〇年平均値）。ドイツはユーロ高でもユーロ安でもかなり柔軟に対応できるようになっており、ＥＵでかなりのメリットを受けています。

そういうことを考え合わせると、私はドイツは最終的にギリシャを切り捨てることはしないだろうと思います。ギリシャ危機は、スペイン、イタリア、フランスにも波及していますが、その負債は、最終的にドイツが全部被るしかないのではないでしょうか。そして、負債を被ることによって「ドイツ帝国」になるしかないと思います。繰り返しますが「カフカの帝国」の定義は膨張が止まった時点で死に至るというものです。ギリシャを切り離しては膨張どころか収縮になります。その際にギリシャが大きいか小さいかということは問題ではありません。いまはなんだかんだとギリシャの救済を渋っていますが、最終的には救済せざるを得なくなると思います。かつてのローマ帝国では南欧が中心でドイツが周辺でしたが、今後その反対の「ドイツ第四帝国」ができるということになると思います。

国債と財政赤字

財政赤字ということでいえば、ギリシャだけではなく日本の財政赤字も見逃せません。日本の借金はＧＤＰの二倍にまで膨れ上がっています。「日本はギリシャとは違って国債をほとんど自国民が持っているので、ギリシャ危機のような破綻は起こらない」という議論もあります。しかし、それは違います。もし日本でギリシャのように国債の値段が下がれば、その分直接的に日本人が損をするというだけです。また、日本の財政赤字をインフレで解決するといっても、インフレで新しい国債の利回りが三％、既発国債のクーポン★15が一％などということになれば、既存の国債の値段は大幅に下降するでしょうし、国債の利払い費は急増します。日本は国債の九四～九五％を国内で保有していますから、国債の値段が下がったときの打撃はギリシャの場合には世界規模となりますが、日本の場合は国内

★16…クーポンレートのこと。クーポンレートは「表面利率」とも呼ばれ、債券の額面に対して毎年受け取れる利息の割合のことを指す。

に被害が集中すると考えるべきでしょう。極端なことをいえば、ギリシャはいま一〇〇円の国債が三〇円くらいにまで下がりましたが、その七〇円分の損失を被っているのは外国人です。だから外国がギリシャの行く末について交渉に応じてくれますが、日本の国債の場合は下がっても誰も何もいってくれません。損失を日本でみんなが負担しなくてはいけません。

これだけ財政赤字を抱えている中で、今回の3・11で復興国債を発行するということになりました。復興国債は道路などの資源が残るから大丈夫という話になっていますが、地震と津波で壊れた堤防や高速道路などのインフラは、過去に発行した国債の借金で造られたものです。それらは資産価値がゼロになって借金だけが残されている状況ですから、復興国債で新しい道路を造るといっても、それは過去の借金で空いた穴をまた借金で埋めようとしているだけです。通常の企業であれば、資本に穴が空けば必ず資産を売却して補塡するか、減損しなくてはいけません。それで損が出たら経費を削減して補塡しなくてはならない。それをまた借金で埋めていたら

「日本株式会社」としては失格です。私は本当は復興国債ではなくて、増税で政府の資産が消滅してしまった分を埋めるのが筋だと思っています。

ギリシャは財政赤字を増税や歳出減で補うことを避けて、経済成長で解決しようとしました。日本でも景気の悪化を火事に喩えて、「目の前に火事が起きているのに財政赤字を心配するのか」と、「財政赤字よりも先に景気回復を目指すべきだ」と議論されます。しかし、いま燃えている家を費用をかけて直したとしても、経済成長を前提としない将来の社会には対応できないと思います。

成長の限界と二極化する社会

一五一七年にルターの宗教改革が起こり、ローマ・カトリックとプロテスタントの苛烈な争いが起き、一五八八年にアルマダの海戦でイギリスがスペインの無敵艦隊を打ち破ることで「海の時代」が開かれます。とはいえ、スペインもイタリアも宗教改革がはじまってすぐに没落したわけではありません。ローマ・カトリックは最終的には一六四八年のウェストファリア条約で完全に敗北しますが、それまでに一三〇年の時間がかかっています。中世から近代への転換はやはりゆっくりとしか進みません。それは現在の「歴史における危機」でも同じことでしょう。一九七〇年代から起こった「海と空の時代」の終焉はようやく前半戦を折り返したくらいに考えるべきで、「海の時代」が終わったからといってもすんなりと「陸の時代」に移行するわけではありません。それは今回の欧州ソブリン危機でも明らかです。いまは陸も海もないような状況で、これから長い混迷の時代が続くでしょう。

そのときの問題は、私たちが近代の膨張主義に慣れきっていてうまく価値観を転換できないことにあります。私たちは「昨日よりも今日がよくなる」と思って、成長していくことに四〇〇年間慣れています。もし今後も成長が続くのであればそれにこしたことはないのですが、もはや成長を前提とした経済社会を考えることは難しくなりつつあります。9・15や3・11に象徴されるように、膨張しようとする願望が、大幅な後退（縮小）をもたらすという事実を認識する必要があります。これまでも突然歴史のトレンドが変わることはありました。中世はずっと定常社会でしたが、それが近代になって常に成長・膨張を繰り返す社会に変わったのですから。このトレンドの変化には良し悪しは関係なく、私たちには変えることのできない歴史の流れなのだと思います（本書でこれまで述べてきた歴史のトレンドの変化をまとめて図示すると次頁図3のようになります）。

いまの原油高は新興国が豊かになっていく過程で起きています。もはやかつてのように先進国はエネルギーをただ同然で手に入れることはできなくなったのです。先進国のほうはすでに成熟化して、これ以上の成長を望めなくなっています。そして無理に成長を目指してリーマンショックのような事態を招いてしまいました。中国をはじめとした新興国は急速に成長していますが、その分近代化の矛盾に直面するのも早いでしょう。ヨーロッパが四〇〇年かけて近代化したのに対して、日本は一〇〇年で近代化を果たしました。中国はそれを二〇年ほどで成し遂げるかもしれません。先進国の国内市

図3「歴史の危機」と利子率革命

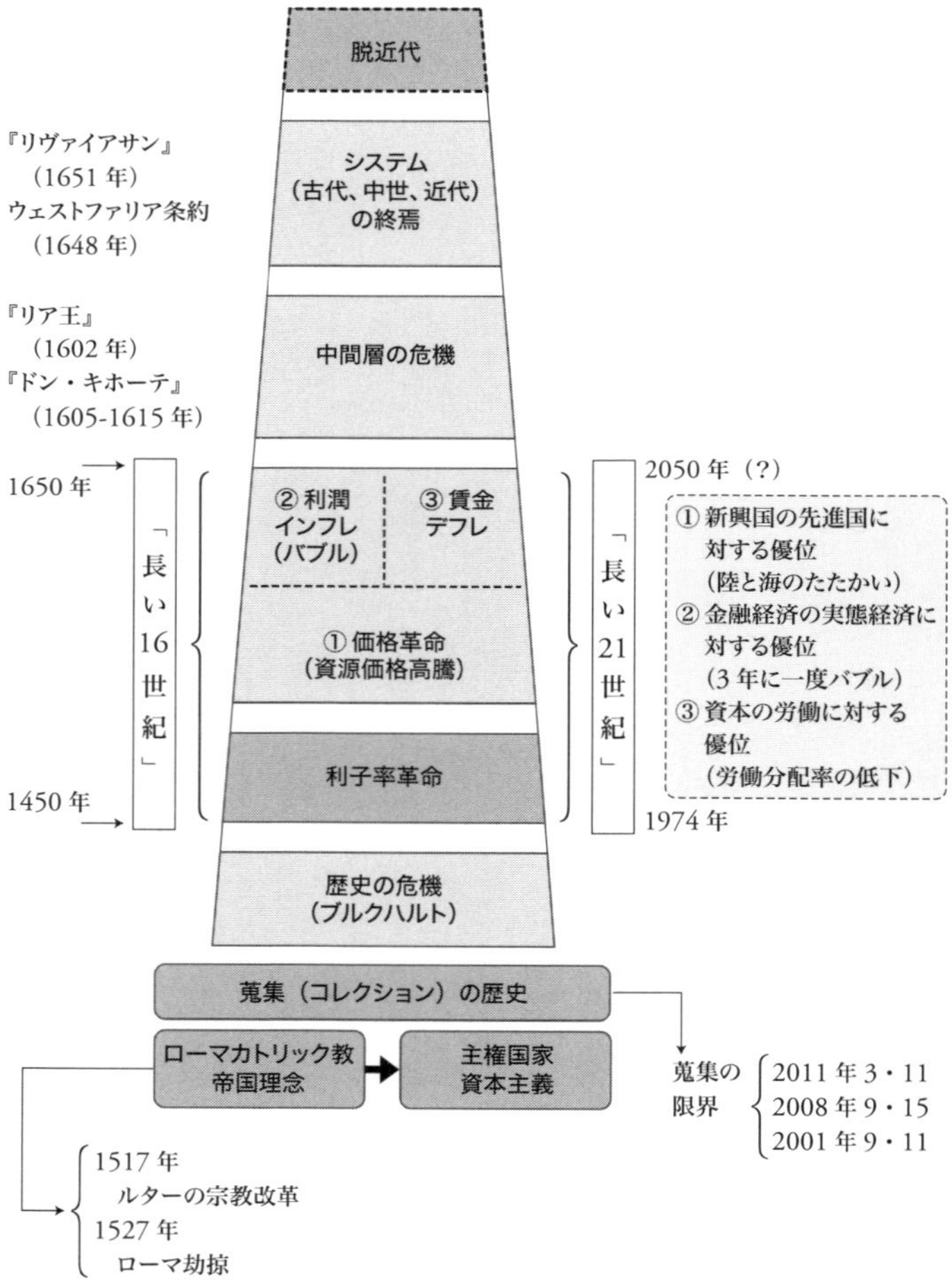
脱近代
『リヴァイアサン』
（1651年）
ウェストファリア条約
（1648年）
システム
（古代、中世、近代）
の終焉
『リア王』
（1602年）
『ドン・キホーテ』
（1605-1615年）
中間層の危機
1650年
「長い16世紀」
1450年
② 利潤
インフレ
（バブル）
③ 賃金
デフレ
① 価格革命
（資源価格高騰）

利子率革命
2050年（?）

「長い21世紀」

1974年
① 新興国の先進国に
対する優位
（陸と海のたたかい）
② 金融経済の実態経済に
対する優位
（3年に一度バブル）
③ 資本の労働に対する
優位
（労働分配率の低下）
歴史の危機
（ブルクハルト）
蒐集（コレクション）の歴史
ローマカトリック教
帝国理念
主権国家
資本主義
蒐集の
限界
2011年3・11
2008年9・15
2001年9・11
1517年
ルターの宗教改革
1527年
ローマ劫掠

場は財市場ではもう飽和しきっています。たとえば自動車産業では、日本は一〇〇〇人に対して五九〇台の保有率ですから、一世帯に一台に近い。アメリカはもっと多く一〇〇〇人につき八一〇台くらいなので、成人一人一台も持っている。それに対して中国は一〇〇〇人でわずか二七台です（二〇〇六年の九州経産局のデータによる）。仮に中国が日本並みの保有率になるとしたら、八億台弱のストックとなります。中国をはじめとした新興国が近代化モデルをいっせいに追いかけるわけですから、エネルギー資源の高騰は避けられないでしょうし、その市場が飽和してしまうのも予想以上に早いと思います。

もちろん、グローバル化というものは近代以前にもありました。古くはアレクサンダー大王の時代からはじまって、十字軍や大航海時代も「グローバル化」のひとつです。また、モンゴルのヨーロッパ遠征★17もありました。そういうものを考えれば世界史はすべてグローバル化の歴史ということにもなります。しかし近年のグローバル化にはこれまでのグローバル化とは決定的に異なっている点があり

★17…一二三五年にモンゴル帝国の皇帝オゴデイが東欧諸国への遠征を決めた。一二四一年に遠征軍はトランシルヴァニア、ハンガリー、ポーランドに侵攻し、一時オーストリアのウィーン付近にまで迫ったが皇帝の急逝により撤退した。

ます。それは、現在ではついに膨張が地球の果てにまで辿り着いてしまったということです。コロンブスの時代には、インドに行こうとして思いがけずに新大陸を発見してしまうということがありました。つまり、その時代には地球というのは無限のフロンティアであふれているように思われたのです。しかし、現代は「アフリカのグローバリゼーション」とさえいわれる時代ですから、もはやこの地球上に膨張すべき外部は急速に失われているといえるでしょう。あとはもう宇宙人と交易するくらいしか残されていないのです。

日本はフルスピードで走ったからこそ近代の矛盾にいち早く直面しました。いままでは成長することに意義がありました。私たちの社会はもうそれが望めないはずなのに、私たちの意識のほうがそれをいまだに引きずっていると思います。一八世紀後半の産業革命以降に成長率は飛躍的に高まりましたが、それは動力革命[★18]、エネルギー革命[★19]によってもたらされました。「より速く、より遠くへ」を目指して圧倒的な火力をもちいて膨張を続けてきました。いわば、近代とは成長するためにエネルギーを無尽蔵に「蒐集」しなければな

★18…動力革命とは、イギリスの産業革命期にニューコメンやワットなどにより発明された蒸気機関による機械の動力の革新的な変革を指す。これにより蒸気船や蒸気機関車などが実現し、人類の移動速度・行動範囲が飛躍的に高まった。

★19…エネルギー革命とは、人類社会において使用される主立ったエネルギー源が急激に変更されること。ここでは産業革命下における木炭から石炭への移行を指している。

らないシステムなのです。

しかし、9・11以降では一歩先に進もう、膨張しようとすると中東諸国からとたんに攻撃が来るようになりました。一歩前に進もうとするともう逆風のほうが強くなっているのです。そのような状況の中で一番問題なのは、一歩進んで富を得る人と逆風によって被害を受ける人がけっして同じ人ではないということです。一歩先に進んで失敗した人は公的資金で救われたり、ゴールデンパラシュート[★20]が用意されていたり、何かと保護する仕組みが用意されています。

他方、逆風をもろに受ける人は常に貧しい人や若年層で、雇用削減・負担増などのしわ寄せがやってきます。かつての成長の時代のように、誰もが一歩先に進んでいけると信じているのならば、それでもいいのですが、現状では二極化が進むばかりです。一歩先に進むのは一握りの人たちだけで、逆風はみんなが受けているような社会ならば、一歩先に進まないでみんなで同じ場所にとどまっていたほうがいいのではないでしょうか。「前進」＝善という考えも「近代」になって登場したのです。中世社会までは前進はたんなる場所

★20…ゴールデンパラシュートとは、敵対的買収防衛策のひとつで、敵対的買収されることを防止したい企業の取締役が、敵対的買収者により解任もしくは退任に追い込まれる場合を想定し、その場合には巨額の退職金などの利益が被買収企業の取締役に支払われる委任契約をあらかじめ締結しておくもの。

の移動を意味するにすぎなかったのです。そのほうが結局いい社会なのだという価値転倒が必要だと思います。

新しい社会モデルへ

先進国はみんな少子高齢化社会になりつつあり、年金などの社会保障制度ひとつをとってみても、これまでの成長を前提とした仕組みのまま維持していくことはますます難しくなっています。日本では一九七五年くらいから出生率が二・一を割って以来ずっと下落が続いて、二〇〇五年には一・二六まで低下しました。その後少しは上昇に転じましたが、それでも二〇〇九年は一・三七です。出生率が二・一を割った一九七〇年代は近代のシステムはピークに達していました。これまで述べてきたように、それをピークにさせないように先進国は「電子・金融空間」を作り出し、原子力発電所で無限のエネルギーを作ろうとしました。頭打ちとなった成長を強引に持続させるために相当の無理をしてきたのです。それはやはりものすごくストレスの強い社会ではないでしょうか。私は人口減は近代のピークを再延長しようとして、労働時間を延ばし、家事労働はすべて女性に任せるというようなことをしてきたツケではないかと思っています。そういう傾向に対する拒否が出生率の減少につながっているのであって、今後安心して子供を産むことができるようなストレスのない社会にすれば人口が増える可能性もあると思います。

人口減に対して、移民を受け入れるというもうひとつの考え方もあります。しかし、移民を受け入れるということはまた膨張しようということです。外国から安価な労働力（周辺）を中心に集めるということは、「蒐集」の発想に他なりません。実際、ドイツでのトルコ人移民問題に象徴されるように、好況の際に大量に受け入れた移民が、不況になると一転して排外主義の差別の対象になってしまいます。世界にまだ成長の時代が持続しているのであれば、受け入れた移民たちも一緒に豊かになっていくことができるでしょうが、ドイツの例を見てもアメリカの例を見ても、移民の人たちは苦労の連続で、とても豊かになっているとはいえません。

ウォール街で「一対九九」の反格差デモが起こるということは、かつては夢見られていたアメリカンドリームをもはや誰も認めていないということです。アメリカンドリームはいまは貧しくてももしかしたら将来自分も一％の富を獲得できるかもしれない、その可能性をみんなが信じていたからこそ成立していました。しかし、ウォール街占拠デモで明白になったのは、あそこにいるみんなが自分は絶対に一％に入れないと思っているということです。

人口減はこうした社会システムの結果であって原因ではありません。だから人口減は与えられた条件として考える他ないと思います。あと二〇年後、三〇年後に、いまの若い人たちが一・三人ではなくて二人産んでもいいと思えるような社会環境を整備することが先決です。人口減は「日本株式会社」の通信簿だと考えてみるといいでしょう。それはいまの仕組みは落第点だというサインだと思います。

それでも今後もグローバリゼーションで規制緩和をして、国際市場で頑張ることを目指す人もいるでしょう。しかし、それだけではいけません。グローバル経済のもとで相変わらず成長を目指すだけではなく、「中央／地方」という枠組みを見直して、地域を拠点にして、できるだけ自己完結型で定常社会を前提とするという生き方もあると思います。何も一億人すべてが成長を目指して頑張るなどというのは息苦しいではないですか。地方に根差して安らかに生きていくというのは、むしろこれからのトレンドになるのではないかと思います。新興国の成長がまだ続いている間にこそ、日本はそれとは異なる新たな社会モデルを模索しなければならないのです。

あとがき

本書は、太田出版の落合美砂さんの強い勧めがなければ、完成しなかったと思います。落合さんがインタビュアーだと、自分が話した以上の内容になって原稿が戻ってきます。一回だけではなく、毎回そうでした。こんな経験はありません。敏腕編集長ならではの仕事ぶりです。

落合さんとの出会いは、二〇〇七年からはじまった「有度サロン」でした。「有度サロン」とは芸術家の鈴木忠志さんが主催する勉強会ですが、勉強会といってもタダの勉強会とはまったく違います。鈴木さんいわく「変人」を集めたそうです。何度も「有度サロン」や毎年八月に開かれる富山県利賀村世界芸術祭に参加すると、変人はお互いに語らずしてお互いに変人だとわかってきます。

鈴木さんの演出する代表作「リア王」、「ディオニュソス」、「サド侯爵夫人」（第二幕）などを何度も観るうちに、鈴木さんは確かに何かとたたかっていることがわかりました。徐々に、有度サロン（静岡県舞台芸術公園）、そして富山県利賀村（鈴木忠志さんの活動拠点）に集まる人は、みんな何かとたたかっていて、同志だと確信するようになりました。落合さんが編集する『ａｔプラス』を読むと、彼女もその一人だとひしひしと伝わってきます。

本書は鈴木忠志さんや彼のもとに集まった多くの人に触発され、エコノミストとして「見えない敵」とたたかっているつもりで書きました。今のところ連戦連敗かもしれませんが、いつかは敵の正体を見えるようしたいと思っています。各々の立場で、多くの人が見たくはないと思っている見えない敵を見えるようにするのが「変人」の役割だと思います。

太田出版の小原央明さんが実際には本書の編集にあたってくれました。怠惰な筆者を温かく見守りながら、励ましてくれました。インタビューにいつも同席して鋭い指摘をしていただいた高瀬幸途さん、そして落合美砂さん、小原央明さんにあらためて感謝申し上げます。

平成二四年三月
水野和夫

初出

第Ⅰ章……………………

ケインズの予言と利子率革命――なぜ、利子生活者は安楽死しなかったのか？
『ａｔプラス』01号、太田出版、二〇〇九年をもとに加筆修正
ポスト近代の『リヴァイアサン』のために――「長い二一世紀」に進行する四つの革命と脱近代の条件
『ａｔプラス』05号、太田出版、二〇一〇年をもとに加筆修正

第Ⅱ章……………………

グローバル・インバランスとドル
『国際経済』第60号、日本国際経済学会、二〇〇九年をもとに加筆修正
不可逆的なグローバル化と二極化構造――日本「輸出株式会社」の危機と知識の組み替え
『ａｔ』14号、太田出版、二〇〇八年をもとに加筆修正
「バブル崩壊の物語」の二五年間
『景気とサイクル』第50号、景気循環学会、二〇一〇年をもとに加筆修正

第Ⅲ章……………………

「歴史における危機」とは何か――9・11、9・15、3・11をつらぬくもの
『ａｔプラス』11号、太田出版、二〇一二年をもとに加筆修正

水野和夫……みずの・かずお
埼玉大学大学院経済科学研究科客員教授。
一九五三年生まれ。七七年早稲田大学政治経済学部卒業。八〇年早稲田大学大学院経済学研究科修士課程修了。八千代証券（現・三菱UFJモルガン・スタンレー証券）入社。九八年金融市場調査部長。二〇〇〇年執行役員。〇二年理事・チーフエコノミスト。〇五年参与・チーフエコノミスト。一〇年三菱UFJモルガン・スタンレー証券退社。著書に『100年デフレ』（日本経済新聞社）『人々はなぜグローバル経済の本質を見誤るのか』『終わりなき危機　君はグローバリゼーションの真実を見たか』（ともに日本経済新聞出版社）、『虚構の景気回復』（中央公論新社）、『金融大崩壊』（出版NHK生活人新書）、『超マクロ展望　世界経済の真実』（共著、集英社新書）などがある。

at叢書 02
世界経済の大潮流

二〇一二年　五月一七日　初版第一刷発行
二〇一四年一一月一三日　初版第四刷発行

著者　水野和夫
装丁　大竹左紀斗
編集　小原央明
発行者　落合美砂
発行所　株式会社 太田出版
〒160-8571
東京都新宿区愛住町22第3山田ビル4F
TEL 03-3359-6262
振替 00120-6-162166
ホームページ http://www.ohtabooks.com/
印刷・製本　株式会社シナノ
ISBN978-4-7783-1311-1 C0033

二千年紀の社会と思想

見田宗介
大澤真幸

「これからの千年を人類はどう生きるべきか?」。千年の射程で人類のビジョンを示す、日本を代表する社会学者による奇蹟の対談集。atプラス叢書第一弾!

街場の読書論

内田樹

本はなぜ必要か。どうすればもっと「伝わる」のか。強靭でしなやかな知性は、どのような読書体験から生まれるのか——。次なる世紀の行く手を照らす、滋味たっぷり&笑って学べる読書エッセイ。

【増補版】おいしいコーヒーの経済論
「キリマンジャロ」の苦い現実

辻村英之

コーヒーの経済研究の第一人者による画期的業績。コーヒーの情報をよく知れば、その味わいがもっと深くなる。コーヒー好きの人はもちろん、南北問題や農業問題、フェアトレードに関心のある方々にも、必読の一冊。

生活クラブという生き方
社会運動を事業にする思想

岩根邦雄

生活クラブの創立者である著者が、重層的な社会運動として生活クラブを構想した軌跡を、余すところなく語り下ろす。ここにこそ、日本における市民社会の成熟の証がある。

棺一基 大道寺将司全句集

大道寺将司
辺見庸(序文・跋文)

東アジア反日武装戦線の〝狼〟部隊のリーダーとして「連続企業爆破事件」を起こし、三〇年以上も死刑囚として、また血液癌と闘いながら獄中生活を送る大道寺将司が詠んだ一二〇〇句を収録した全句集。

エリア51 世界でもっとも有名な秘密基地の真実

アニー・ジェイコブセン
田口俊樹訳

一〇〇人以上の関係者証言をもとに、いまだ謎に満ちた軍事施設「エリア51」の内部に初めて踏み込む！ ロズウェル事件、アポロ11号月面着陸、巨大核シェルター……。様々な謎との関わりが囁かれる秘密基地の真実。

愚民社会

大塚英志
宮台真司

近代への努力を怠ってきたツケが、今この社会を襲っている。日本の終わりを書きとめるための、過激な社会学者と実践的評論家による奇跡の対談集。私たちは、やりなおせるのか——。

バナナの世界史

ダン・コッペル
黒川由美訳

絶滅の危機に瀕したバナナと人類の壮絶一万年史！ いまや世界最大の消費量を誇る食糧となったバナナ。グローバリズムによる反映と悲劇を背負うこの果物を、人類は救えるのか？

宮台教授の就活原論

宮台真司

日本を代表する社会学者にして二〇〇八年まで首都大学東京の就職支援委員会委員長を務めた著者が語る、社会のこと、働くこと、就職活動、全てを串刺しにした画期的就活論。働くことを見つめ直したい社会人の方にも。

きみはひとりでどこかにいく

七字由布（絵）
大塚英志（文）

おはなしをつくる力を育てる、かきこむ絵本。対象年齢、五歳〜七〇代まで。巻末付録に大塚英志 × 宮台真司対談「思春期の子供たちはみんな、『自分はひとりでどこへ行くのだろう』と思っている」を収録。

ケアの社会学
当事者主権の福祉社会へ
上野千鶴子

超高齢社会を目前に、重要性を増す「ケア」の問題。膨大なフィールドワークをもとに、介護現場における「当事者主権」とは何かを明らかにする。ケアを「ケアされる側」から捉え直す、上野社会学の集大成にして新地平!!

安心ひきこもりライフ
勝山実

ひきこもり歴二〇年の著者による、全国一六〇万人のひきこもり&予備軍のための実践的ひきこもりマニュアル!! ひきこもることの後ろめたさを取り除き、毎日が屋内退避の安心なひきこもり生活を楽しむコツを伝授する。

往生の極意
山折哲雄

西行、親鸞、良寛、宮沢賢治など、先達の死に方と死についての智恵を参照しながら、現代人の「死のセンスの洗練」を教示する、画期的な往生論。私たちは、どんな死に方を選ぶのか。著者が薦める「惚け往生」は必読。

死者はほほえむ
瞑想者の死を想え
金井系一郎

瞑想の第一人者が分かりやすく案内する「瞑想の急所」。瞑想によって死の常識から自由になり、死を想うことで豊かな人生を送るための「瞑想ガイドブック」。

色弱が世界を変える
カラーユニバーサルデザイン最前線
伊賀公一

街の色が変わり始めた! 交通信号機や電光掲示板などの公共物、鉄道や地下鉄路線図…。街の風景の何かが変わったことに気づいている方もいることでしょう。カラーユニバーサルデザイン最前線。

家のない少年たち
親に望まれなかった少年の容赦なきサバイバル

鈴木大介

詐欺、闇金、美人局、架空請求、強盗─家族や地域から取り残され・虐げられ、居場所を失った少年たちは、底辺で仲間となって社会への「復讐」を開始する。確かに彼らは、生き抜いていた。

アインシュタインファイル
世界一有名な科学者を狙ったＦＢＩの陰謀

フレッド・ジェローム
藤井留美訳

アインシュタインはスパイだったのか？ 原爆製造を大統領に提言したアインシュタインは開発計画から外され、「アメリカの敵」としてＦＢＩに監視されていた。一八〇〇ページに及ぶ極秘資料をもとに、知られざるＦＢＩとの攻防を明かす。

ガンディー魂の言葉

マハトマ・ガンディー
浅井幹雄（監修）

不屈の精神、非暴力という知略でインドを独立に導いたガンディー。人間性のない科学や利益第一の暮らしに異議を唱える彼の言葉は、まるで今の日本の姿を予見していたかのようだ。ガンディーが遺した珠玉の言葉、一七〇編。

肖像権 改訂新版

大家重夫

「インターネットと肖像権」「最近の裁判例の動き――パブリシティ権の本質の関連して」の重要二章を追加。新たにＱ＆Ａも加え、初心者にも重要ポイントがわかるよう配慮した「肖像権」理解への最良の一冊。

事件で学ぶ著作権

豊田きいち

著作権上の「危険」を察知できれば対応はできる。長年にわたって著作権トラブルを見つめてきた第一人者による、表現者、著作権実務者、特に編集者が著作権を適正かつ有効に利用するための、実践的な一冊。

ガール・ジン
「フェミニズムする」少女たちの参加型メディア

アリスン・ピープマイヤー
野中モモ 訳

アメリカで始まった、何者でもない少女や女性たちによる手作りの小冊子「ガール・ジン」多数の資料をもとに、少女や女性たちの参加型メディア「ガール・ジン」の歴史と活動を詳細に綴った初の解説書。

ヴァレンシア・ストリート

ミシェル・ティー
西山敦子 訳

ラムダ賞最優秀レズビアン小説賞受賞。若き詩人ミシェルが、永遠の愛を求めてダイクシーンを駆け抜ける。ほとばしる感性とパンクスピリットに彩られた自伝的小説。

警備員日記

手塚正己

生活費を稼ぐため警備員になり、作家と警備員の二足のわらじを履きながら、慣れない仕事に悪戦苦闘の日々が続く。傑作『軍艦武蔵』の著者が、実体験をもとに、警備員の織りなす奇妙奇天烈な群像を描く警備員小説。

凌ぐ波濤
海上自衛隊をつくった男たち

手塚正己

五年の歳月と関係者への綿密な取材を重ねてたどり着いた海上自衛隊誕生期、激動の真実！ 「海上自衛隊は旧海軍軍人の手によってつくられた。このことを多くの日本人は知らない」

周防正行のバレエ入門

周防正行

バレリーナと結婚して一五年、バレエの素人だった周防監督がバレエの世界へと足を踏み入れ、ついには世界的振付師ローラン・プティとバレエ映画『ダンシング・チャップリン』撮影するに至る、愛に満ちたバレエ論。

スヌーピー&暗い嵐の夜だった

チャールズ・M・シュルツ
谷川俊太郎訳

自分を犬だとは思っていない世界一有名なビーグル犬スヌーピーの小説デビュー作。スヌーピーの書いた本はインブックの形で英語版と翻訳版で楽しめます。

君にリンゴの果樹園を約束したおぼえはないね
スヌーピー著作集

チャールズ・M・シュルツ
谷川俊太郎訳

世界一有名なビーグル犬スヌーピーの作家デビュー作・小説「暗い嵐の夜だった」に続くスヌーピーの小説シリーズ第二弾。スヌーピーが書く男女の「愛」にまつわる短編、言葉遊び、教訓など盛り沢山の内容。

SR サイタマノラッパー

入江悠

サイタマ県の片田舎でラッパーをめざす不器用な青年たちの青春群像を描き、〇九年以来、邦画界を席巻しつづけている伝説の作品が、脚本・監督の入江悠自らの手で、魂の小説化!

ゾンビの作法
もしもゾンビになったら

ジョン・オースティン
兼光ダニエル真訳

人間の襲い方、脳味噌の喰い方、群れでのふるまい方、仲間の増やし方、ゾンビ自殺のやり方まで、新人ゾンビの面倒を徹底的に見る、本邦初! ゾンビのための、ゾンビとして生きていくための指南書。

ぼくのゾンビ・ライフ

S・G・ブラウン
小林真里訳

どうやらぼくはゾンビになったらしい——。交通事故から目覚めたアンディは、自分がゾンビになっていることに気づく。ゾンビだって悩む。笑う。恋もする。全米も日本もびっくりの一人称ゾンビ文学!!